TOM · III ·

NOUVELLES PARODIES BACHIQUES,

MELE'ES DE VAUDEVILLES

OU

RONDES DE TABLE.

Recueillies & mises en ordre par
CHRISTOPHE BALLARD,
seul Imprimeur de Musique &
Noteur de la Chapelle du Roy.

TOME III.

A PARIS,
Ruë Saint Jean de Bauvais, au Mont-Parnasse.
M. D. C C I I.

Avec Privilege de Sa Majesté.

A MONSIEUR,

MONSIEUR

LE COMTE

D'AYEN.

ONSIEUR,

La confiance avec laquelle j'ose vous presenter ce

Troisiéme Volume des Parodies Bachiques,

est une suite de l'approbation dont vous avez honoré

a

les deux premiers. Quelque foible que soit cet hommage, j'espere que vous n'aurez égard qu'au zele qui l'anime, & je me croiray trop heureux, si vous daignez souffrir que je profite des moindres occasions pour vous témoigner avec combien de respect je suis,

MONSIEUR,

Vôtre tres-humble & tres-obéïssant Serviteur, C. BALLARD.

AVERTISSEMENT.

LES deux premiers Volumes des Nouvelles Parodies Bachiques, ont été reçûs trop favorablement du Public, pour ne pas donner lieu d'esperer que ce troisiéme aura le même sort : du moins n'a t'on rien épargné pour le rendre digne de la curiosité des Connoisseurs, & c'est l'attention que l'on a euë à n'y rien inserer de superflu, qui en a retardé l'Impression d'une année. Les Airs parodiés, dont étoient composés les deux premiers Tomes, avoient été tirés des Pieces de Monsieur de Lully, rangées selon le temps de leur representation : Les Opera des autres Maîtres, qui ont succedé à ce grand Homme ont été distribuez dans le même ordre, jusqu'à celuy de VENUS & ADONIS, & ont fourny la matiere de ce troisiéme Volume. On n'a pas crû néanmoins devoir rassembler indifféremment tout ce qui se presentoit, mais on s'est borné au choix des Airs les plus connus, & les plus approuvés.

Comme on a remarqué que les VAUDEVILLES étoient plus de commerce que les Airs parodiez, on a crû devoir augmenter le nombre des premiers. Et pour les varier davantage, on les a couppez de six en six par un nouveau Refrain : ainsi l'on trouvera dans ce seul Tome neuf Rondes de Table; au lieu que les deux précédens n'en contenoient que chacun trois. Cette nouvelle disposition ne peut manquer d'agréer au Public, dont on a consulté le goût, & c'est l'unique regle qu'on se proposera pour la composition du quatriéme Volume qu'on fera moins attendre que celuy-cy.

OPERA

PARODIEZ AU PRESENT

VOLUME.

TABLE ALPHABETIQUE DES PARODIES.

FIN.

NOUVELLES PARODIES BACHIQUES.

ACHILLE.

PROLOGUE.

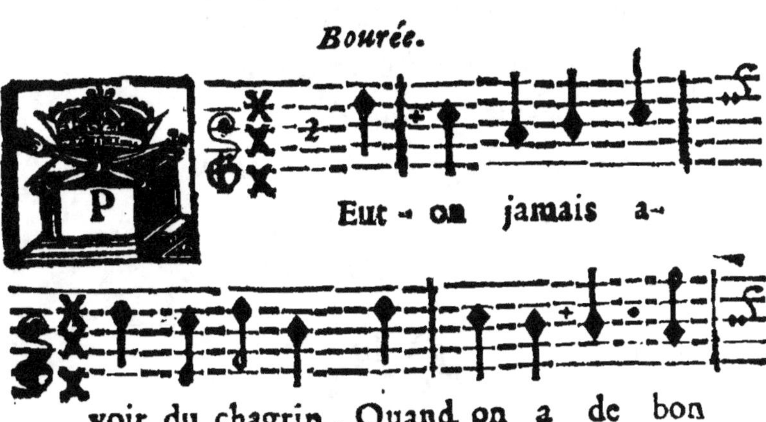

Tome III.   A

Second Couplet.

Soûpire qui voudra pour le bien ?
Je veux boire le mien :
Le vin est ma folie ;
L'Amour me genne & m'ennuye ;
Le vin est ma folie ,
Le reste ne m'est rien.

M. Vault.

Menuet.

Second Couplet.
O l'humeur gaillarde,
Qu'inspirent les pots !
On rit, on hazarde
Chansons, & bons mots :
On donne nazarde
Aux pasles Cagots.   M. Vault.

ACTE TROISIE'ME.

Loure.

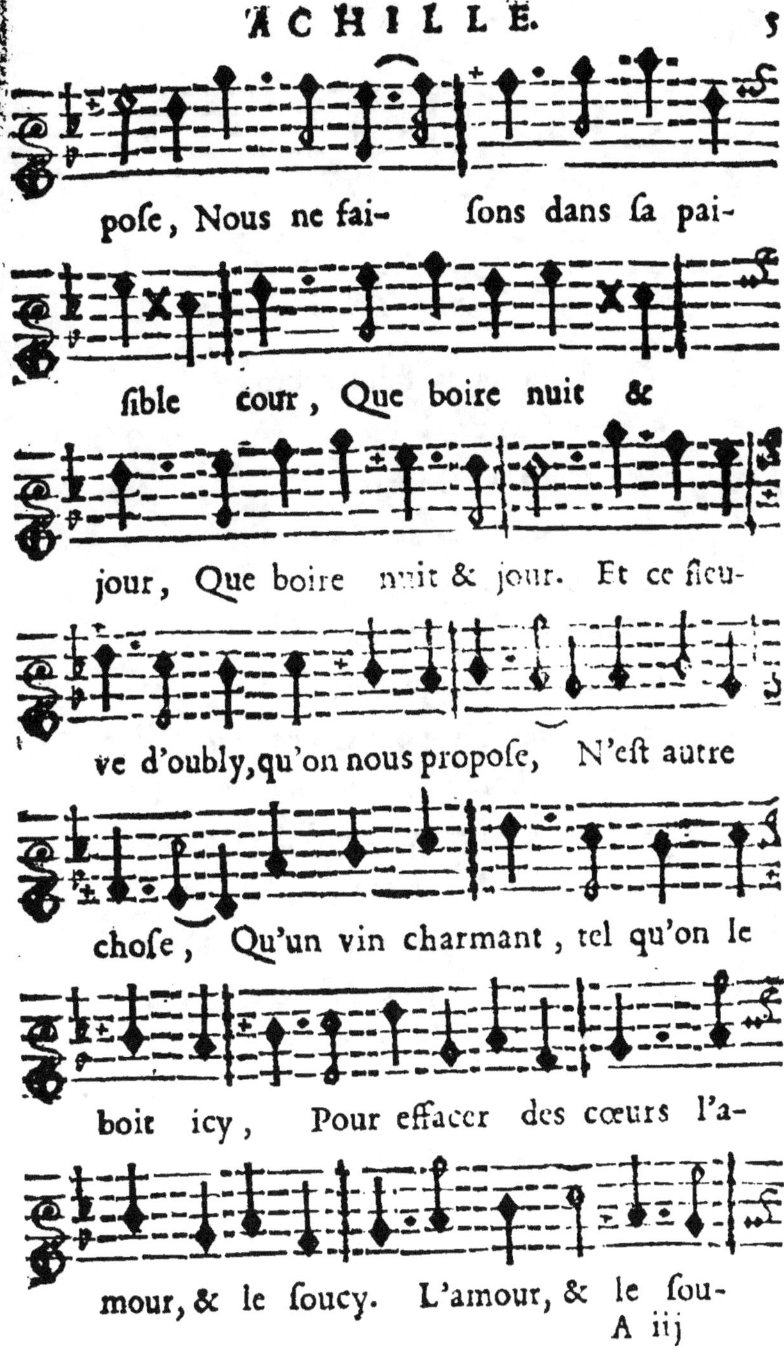
pose, Nous ne fai-   sons dans sa pai-
sible   cour, Que boire nuit &
jour, Que boire nuit & jour. Et ce fleu-
ve d'oubly, qu'on nous propose,   N'est autre
chose,   Qu'un vin charmant, tel qu'on le
boit icy,   Pour effacer des cœurs l'a-
mour, & le soucy. L'amour, & le sou-

A iij

M. V.

Second Couplet.

Cesse de nous faire accroire
Qu'on aime à boire, *bis.*
Chez les Morts :
Cesse de nous faire accroire
Qu'on aime à boire,
Sur les sombres bords.
Lorsque la Parque inévitable
Vient tristement pousser nos jours à bout,
On ne boit plus du tout. *bis.*
Plût aux Dieux que ton couplet agreable
Fût veritable !
Je verrois le trépas d'un œil serein
Si la bas, comme icy, l'on buvoit de bon vin ,
L'on buvoit de bon vin.

M. D. L.

Troisiéme Couplet.

Quand la Parque meurtriere
Nous tient en bierre , *bis.*
Qu'on est sot !
Quand la Parque meurtriere
Nous tient en bierre ,
Adieu verre , & pot.
Un corps dans son sort pitoyable
Au bord du Stix , dans un cruel frisson ;
Songe à payer Caron. *bis.*
Détrompez-vous , la boisson chez le Diable
Est detestable :
Dans leur repas , Proserpine & Pluton ;
Ne boivent que de l'eau du bourbeux Phlégeton ,
Du bourbeux Phlégeton.

M. L. M.

Quatriéme Couplet.

Pour parvenir à vous plaire
Que faut-il faire , *bis.*
Belle Iris ?
Pour parvenir à vous plaire
Que faut-il faire
Contre vos mépris ?
Eh quoy toûjours inexorable :
A tant de pleurs , de sanglots amoureux ;
De soûpirs & de vœux ! *bis.*
Pren pitié d'un malheureux qu'on accable ,
Bachus aimable ,
Toy seul , comme le pere du plaisir ,
Tu peux , par ton bon vin , m'empêcher de mourir ,
M'empêcher de mourir.

M. L. M.
A iiij

Cinquiéme Couplet.

Non, rien n'eſt plus agreable
Que d'être à table, *bis.*
Tous garçons :
Non, rien n'eſt plus agreable
Que d'être à table
Vivant ſans façons.
Avec le ſexe on eſt en crainte,
Il faut avoir mille facheux égards,
Taire les mots gaillards,
Boire moins des trois quarts.
Mais nous pouvons tout faire ſans contrainte,
Loin d'une Aminte,
Qui jour & nuit mal contente de nous,
Compte toûjours les coups. *bis.*

M. H.

Sixiéme Couplet.

Les vins ſont verds, mon Compere,
Tu ne bois guere, *bis.*
De bon cœur :
Les vins ſont verds, mon Compere,
Tu ne bois guere,
Ah Dieux ! quel malheur !
A Rheims Bachus, qui l'eût pû croire !
A tant bû d'eau qu'il n'a plus de vigueur,
Ny pour nous de douceur. *bis.*
Nous buvons ſans plaiſir, mais il faut boire
Pour nôtre gloire,
Avec Bachus partageons biens & maux,
Il faut de ſes amis ſupporter les défauts,
Supporter les défauts.

M. L. P.

Air de Violon suivant.

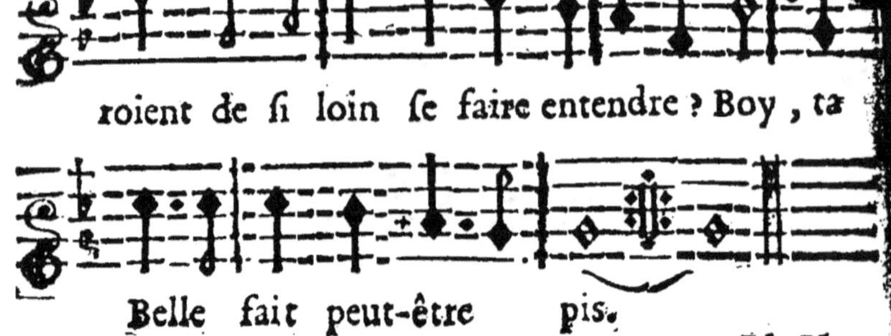

M. V.

Second Couplet.

Je suis content
De n'aymer plus Silvie,
J'estois trop constant,
J'ay changé de vie ;
On est bien fol, quand on aime tant,
Mon cœur n'est plus de même,
Je souffrois une peine extrême ;
Quand je soupirois pour ses appas,
Je perdois mes pas, mes pas,
Mes Amis m'ont dit qu'il vaut mieux que j'aime ;
Le bon vin, & les joyeux repas.

M. D. L.

Troisiéme Couplet.

Je ne sçaurois
Donner dans la rasade ;
Mais si tu voulois,
Mon cher Camarade ;
A petits coups je m'enyvrerois.
Lorsque l'on s'empoisonne,
Je trouve la methode bonne
De s'étourdir d'abord la raison ;
Mais quand il est bon, bien bon,
Menageons le plaisir que ce jus donne,
Non, il ne sçauroit être trop long.

Sur l'Air, Triftes boccages.

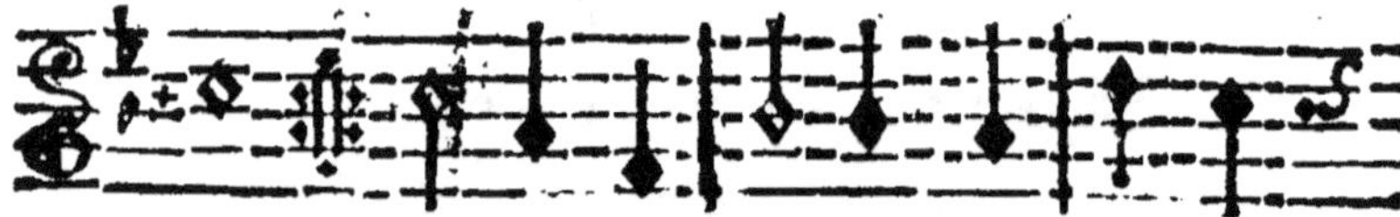

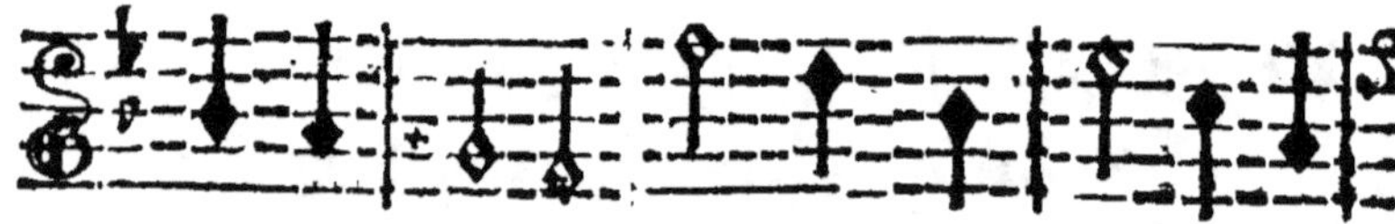

Second Couplet.
Dans nos prairies
Les herbes font fleuries :
Que le Soleil
Eft brillant & vermeil !
Sa clarté pure
Fait revoir la verdure,
Et fur le gril
Le frais poiffon d'Avril.　　　M. D. L.
Fin d'Achille.

ZEPHIRE ET FLORE.

PROLOGUE.

Sur la Bourée.

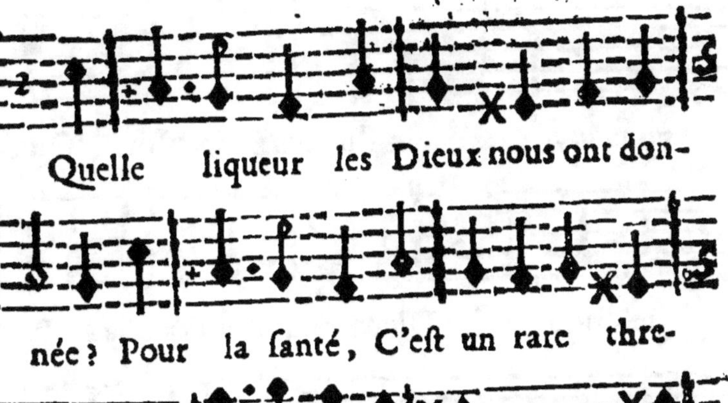

la santé C'est un rare thresor : Cha-

que coup qu'on en boit, vaut une année, Bu-

vons icy les ans du vieux Nestor. Quel-

le liqueur les Dieux nous ont donnée ? Pour

la santé C'est un rare thresor.

M. V.

Branle.

Tandis qu'icy bas nous vivons, Buvons,

sans cesse, buvons : Din dan dons; De cet-

te cloche fide-   le Retien les leçons,

Profitez,   dit - elle, D'un temps qui s'en-

fuit, comme mes sont.

M. Y.

Second Couplet.

Je demande dés le matin,
Avant mes chauſſes, du vin:
Et je dis,
Si-tôt que je tiens mon verre,
Bon pere Bachus,
Les biens de la terre,
Ne ſont rien au prix de ton bon jus! **M. L. M.**

Troiſiéme Couplet.

J'ay pour tout vaillant deux écus,
Que j'abandonne à Bachus,
De tout temps
La fortune m'eſt contraire,
Et l'Amour auſſi,
Buvons, mon Compere,
Pour noyer dans le vin tout ſoucy. **M. L. M.**

Quatriéme Couplet en choquant le verre.

Ah! que d'un verre à demy plein,
On tire un ſon doux, & fin.
Tin, tin, tin:
Laquais, mon verre ſe caſſe
Je veux le changer;
Apporte une taſſe,
J'aime encor mieux boire, ſans danger.
M. Vault.

Cinquiéme Couplet en verſant à boire.

Bouteille, dont nous ſommes foux,
Que vôtre murmure eſt doux!
Glou, glou, gloux:
Gazoüillez, charmez l'oreille,
Sans jamais tarir:
Ah! chere bouteille,
Vous vous vuidez, il faut vous remplir.
M. Vault.
Rigaudon.

Rigaudon.

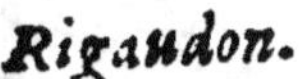

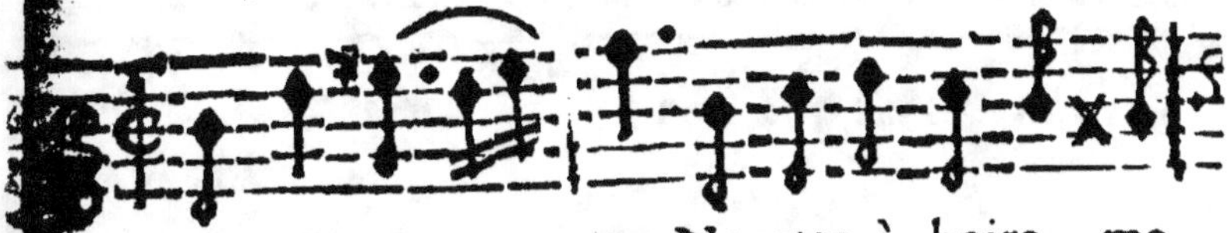

Sçay-tu pour- quoy Nanette à boire me

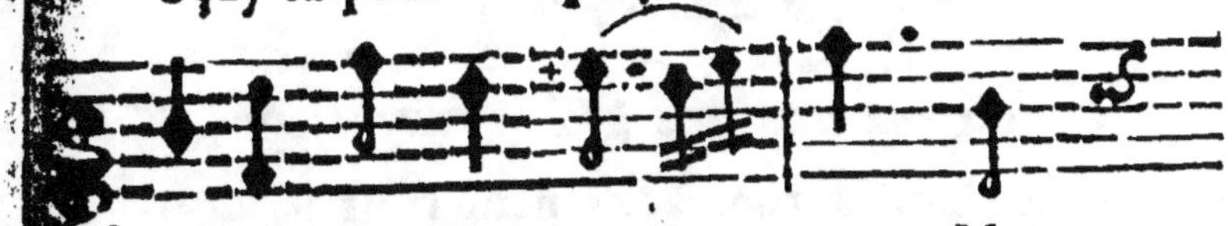

verse ? Sçay-tu pour- quoy Na-

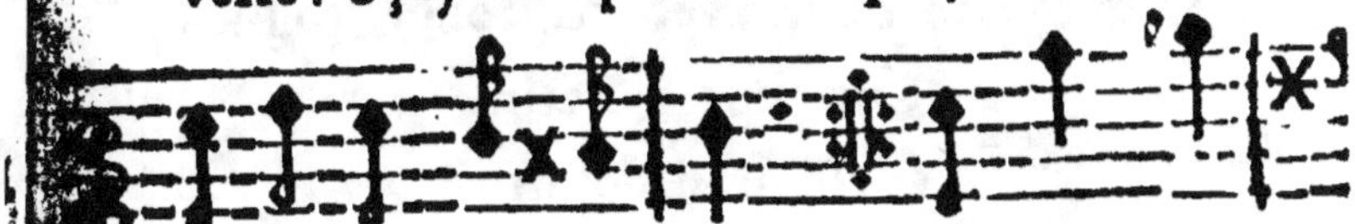

nette boit avec moy ? C'est que l'A-

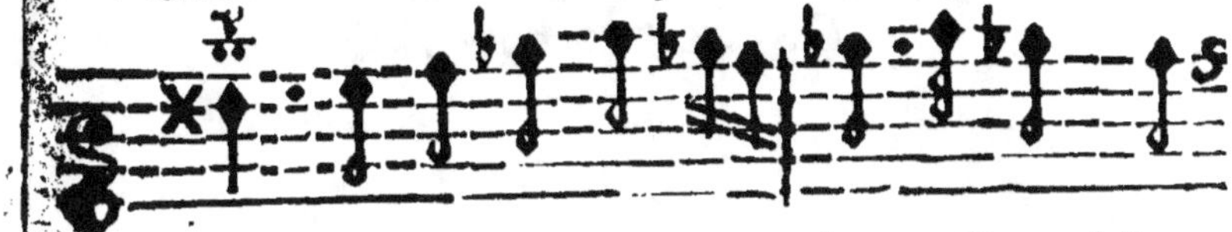

mour Toute la nuit me berce, Quand j'ay

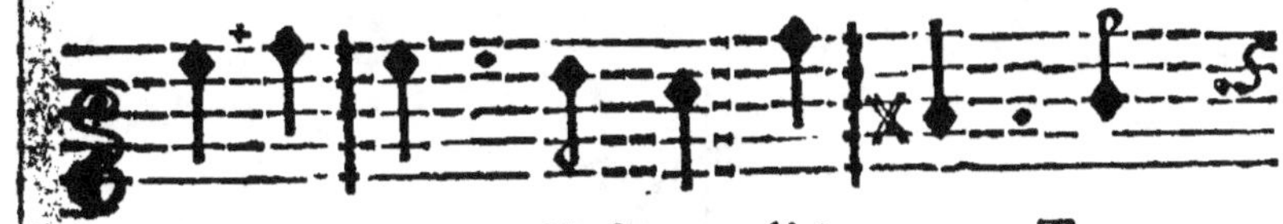

bû le jour. C'est que l'Amour Tou-

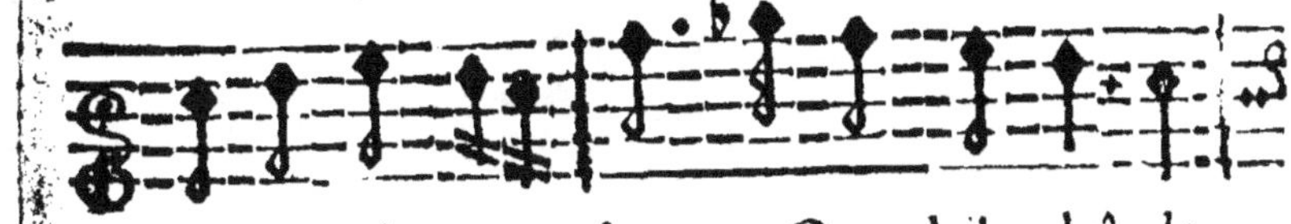

te la nuit me berce, Quand j'ay bû le

M. V.

Second Couplet.

On dit par tout que je ſuis un yvrogne;
Que j'ay du goût ſeulement pour le vin.
Et que mon teint, avec ma rouge trogne;
Fait peur à Catin :
C'eſt mon deſtin
D'épuiſer la Bourgogne
Où croît le bon vin.

ACTE SECOND.

Les Echos.

B ij

Fin de Zephire & Flore.

THETIS ET PELE'E.

PROLOGUE.

Grand Air danfant.

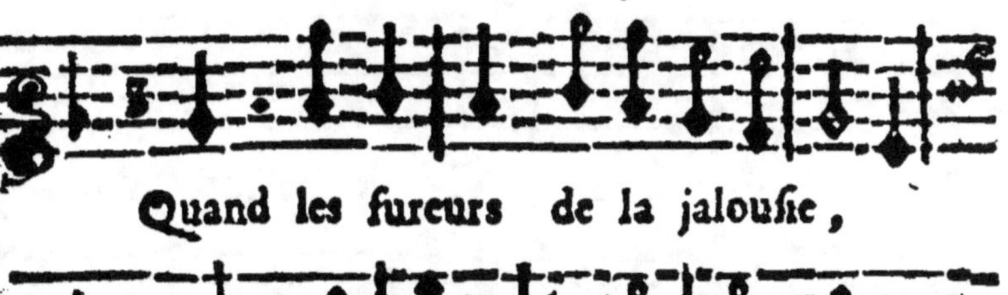

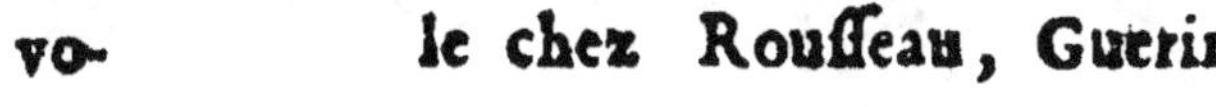

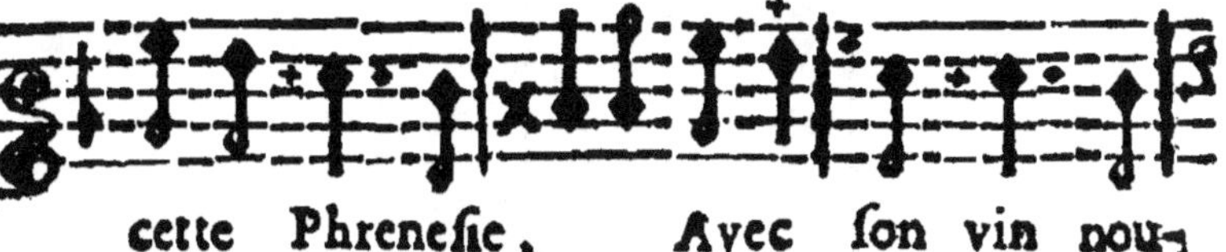

greable vapeur, Sçait diſſiper les trou-

bles de mon cœur : Bachus, tu

donnes à la vi- e, Plus d'heu-

reux moments, Que l'amoureuſe fo-

lie Ne cauſe de tourments. ments.

M. R.

ET PELE'E.

ACTE PREMIER.

Air des Tritons.

boire, Et que le vin coule de toutes

parts. En suivant Bachus, couvrons-nous de

gloire; Les uns prés de Mars, Cherchét les ha-

zards; Volez braves Soldats à la vi-

ctoire, Nous moins fiers guerriers, Nous arro-

sons de vin nos gosiers. Vîte, vîte à fiers,

M. Re.

Second Couplet.

La jeune Cloris
Sensible à mes ennuis,
Ma rendu les armes.
Je serois maître de tous ses charmes,
Si le Vulcain de cette beauté
Dont je suis enchanté,
N'êtoit nuit & jour à son côté.
Ne me quitte point,
Divin Bachus, en ce pressant besoin !
Tu sçais que cent fois j'ay quitté l'Amour
Malgré tous ses attraits, pour grossir ta Cour :
Ah ! prête-moy ton jus,
Pour endormir ce vigilant Argus,
Et laisse-moy le soin du surplus.

M. R.

Loure.

Tel qui rit & qui chante, Tel
qui paroît l'ame contente A souvent dans le
cœur, Malgré sa belle humeur, Un feu qui
le tourmente, Dont la vive ardeur N'est jamais sans douleur :
leur : Jeune Iris, c'est en vain, Que je

veux me dé-   fendre; Quel secours attendre, Si ce n'est du vin?   Cepen-
dant le bon vin en ce jour, Loin de guerir ma
peine, Redouble ma chaîne; Et prés
de vous m'entraîne, Autant que l'A-
mour. Il me fait parler de mon mar-
tire, J'étois trop discret, J'aimois

C ij

trop en secret; Et mon cœur qui soûpire, Sans ce jus si doux; N'eût jamais osé dire, Ce qu'il sent pour
vous. Jeune Iris, c'est en vous.

M. D. N.

Second Couplet.

La plus belle Bergere,
Souvent cache une ame legere.
Ses plus tendres feux ,
Les plus doux de ſes vœux
Sont pour le moins ſincere,
Et le moins amoureux,
Qui ſoûpire à ſes yeux.
C'en eſt fait déſormais ,
Je ſuis las d'être duppe,
Je dis à la jupe ,
Adieu pour jamais ;
Sous les loix de Bachus , tous nos jours
Coulent ſans jalouſie ;
Dieux ! quelle manie !
D'employer ſa vie
A d'autres amours !
Adieu donc , trop injuſte Silvie ,
Je quitte ta loy ,
Je dégage ma foy ,
Si tu n'as point envie
De vivre pour moy,
Aurois-je la folie
De mourir pour toy ?   M. V.

ACTE SECOND.

Marche de Jupiter.

M. R.

Second Couplet.

Je suis las, belle Silvie,
D'adorer tes charmants appas;
Si tu ne veux contenter mon envie,
Je vais chercher d'autres ébats,
L'Amour me laiffe,
Bachus me preffe,
Je vais me jetter dans fes bras.

M. R.

Troifiéme Couplet.

Toute la nuit l'Amour m'éveille
Bachus me tient à l'erte tout le jour :
Charmant Bachus, ou fay que je fommeille
Ou me fais oublier l'Amour.
Au lit, à table,
L'excés accable,
Le repos doit avoir fon tour.

M. Vault;

ACTE TROISIE'ME.

Grand Air du Deſtin.

Fin de Thetis & Pelée.

ENE'E ET LAVINIE.

PROLOGUE.

Branle.

cin, Qui vous rendra gaillard & sain. Si
la tendresse Dans vôtre sein, Dis-
stille son venin : Avalez sans cesse Quelques coups de ce jus divin. Pour
chasser le cha- grin, Mon cher Voisin, Ay-
ez recours au vin , Bachus est un Medecin, Qui vous rendra gaillard & sain.

Pavane.

Amis, réjoüissons - nous, Rions, chan-

tons, buvons, faisons les foux, Que chacun

s'arme d'un grand verre, Il n'est point des-

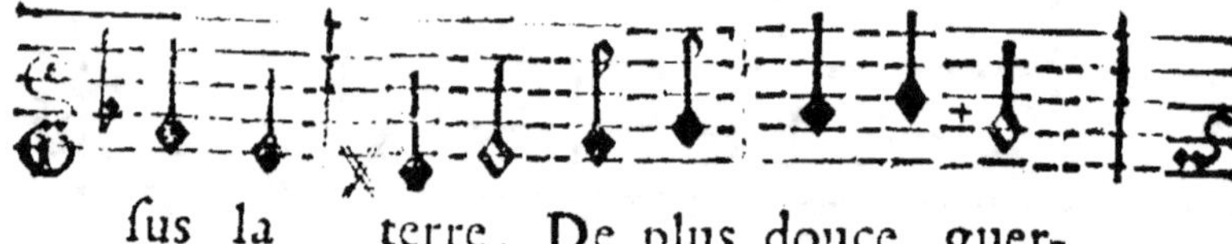
sus la terre, De plus douce guer-

re, On n'y craint jamais les coups. Ri-

ons, chantons, buvons, faisons les foux; A-

mis, il n'est rien de si doux.

M. T.

Sur l'Air, Amour si les soupçons.

d'un I- vro-   gne ; J'ay trop fouf-
fert   fous l'amou-   reu- fe
loy , Il   eft af-   fez de foux fans
moy. Et fi jamais   je me   laiffe fur-
prendre : Si pour Iris   on me voit le cœur tendre, Je veux, Je veux pour fupplice nouveau , N'avaler jamais que de l'eau. Et fi ja-

mais je me laiſ- ſe ſur- pren- dre,
Si pour I- ris on me
voit le cœur tendre ; Je
veux , Je veux pour ſupplice nouveau, N'a- va- ler jamais
que de l'eau.

ACTE SECOND.

Sur la Marche qui suit l'Oracle de Janus.

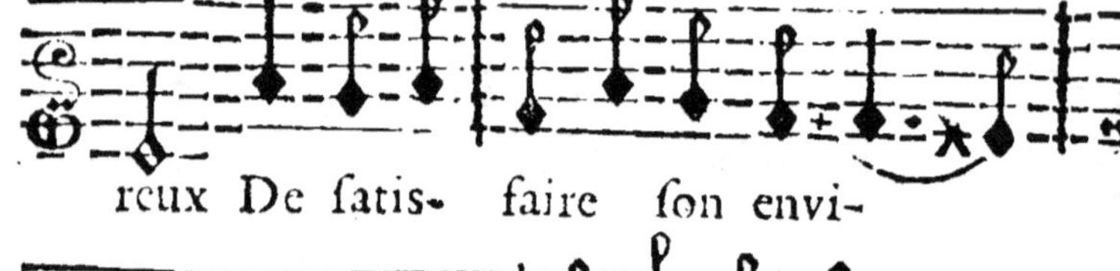

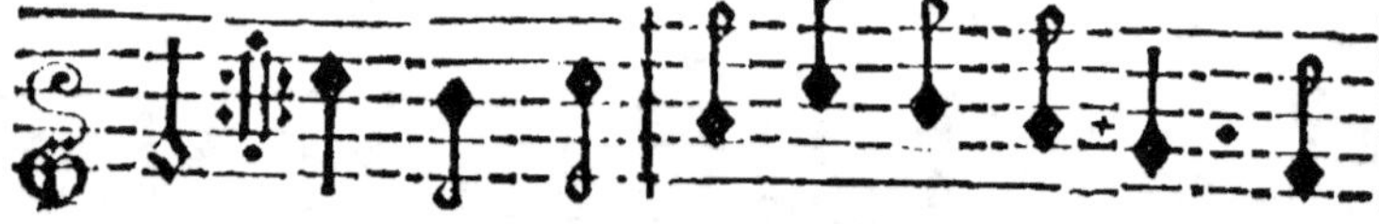

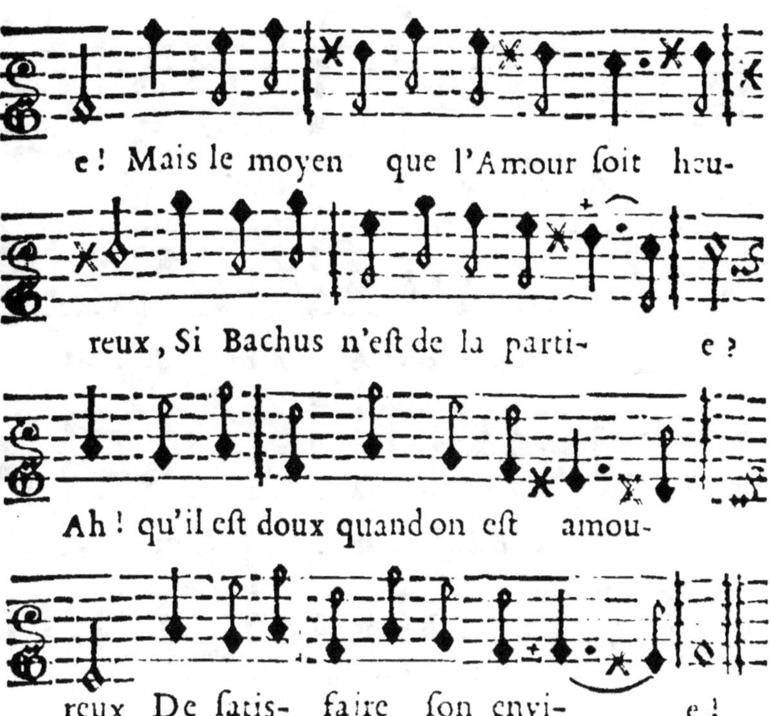

Second Complet.

Encor un coup qu'en peut-il arriver,
Un coup de plus nous fera-t'il crever?
C'eſt ce qu'un jour buvant avec Catin,
Je luy diſois en luy verſant du vin.
    Encor un coup, &c.
Et ce propos à la belle plût tant,
Qu'elle me va ſans ceſſe repetant :
    Encor un coup, &c.

M. V.

A I R.

Amy, que tu fais peu d'hon-
neur à cette bonne chere, Qu'as-tu
fait de ta belle humeur? L'Amour a-
t'il blef- fé ton cœur? Ah! fi le
pot & le verre Ne t'éveillent qu'à demy, Toute la nuit auprés de ta Bergere, Seras - tu moins endormy?

M. R.

Second Couplet.

M. V.

Fin d'Enée & Lavinie

D ij

CORONIS.

ACTE PREMIER.

Menuet.

heur' estoit aussi constant ; Plus j'ay
bû, plus je demande à boire, C'est mon
sort, & j'en suis content.

M. R.

ACTE TROISIE'ME.

Sarabande.

Second Couplet.

C'eſt par le vin que je jure, Silvie,
De boire moins, & vous aimer toûjours.
Qu'étroitement ce doux ferment me lie !
Bachus a pris la moitié de ma vie,
L'autre eſt à vous ; & mes amours
A l'avenir, en regleront le cours.

M. Yault.

Fin de Coronis.

ASTRE'E.

Air.

Avec un cœur si delicat, si
tendre; N'atten pas toû-jours, Cher a-
my, de beaux jours; Si tu fuis du
vin l'utile secours : Croy-
moy, Re- serve toy L'usage de ce
jus qui peut te def- fendre Des fray-
eurs

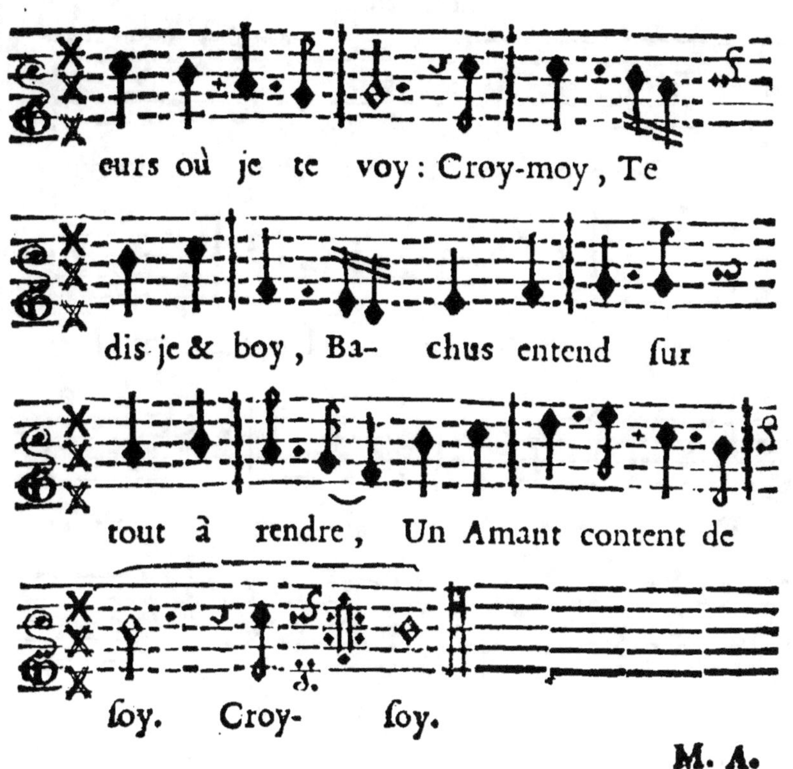
eurs où je te voy: Croy-moy, Te
dis je & boy, Ba-   chus entend sur
tout à   rendre , Un Amant content de

soy. Croy-   soy.

M. A.

ASTRE'E.
Sarabande.

M. V.

Second Couplet.

Si malgré vous vous cedez à ſes charmes;
Si vous ſentez leur injuſte rigueur:
Deffendez-vous avec ces douces armes;
Et la vapeur
De cette liqueur,
Calmera bien-tôt vôtre cœur.

Fin d'Aſtrée.

LA MORT D'ALCIDE.

PROLOGUE.
Air des Trompettes.

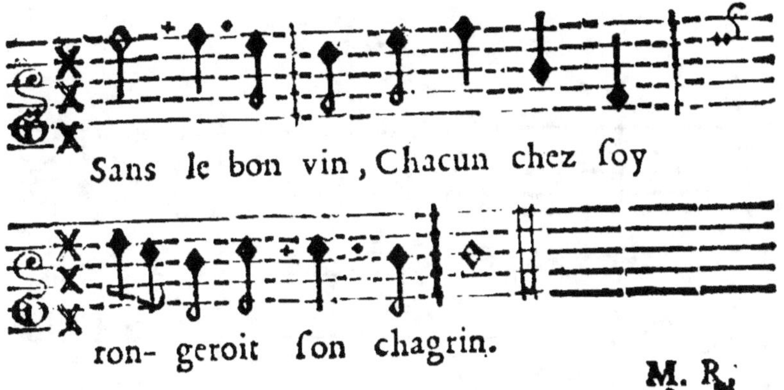

Second Couplet.

Que la douceur de ton jus,
Bon pere Bachus,
Que la douceur de ton jus
Vaut d'écus?
Dés le matin
Ta voix icy nous assemble;
C'est toy qui nous fais rire ensemble,
Sans le bon vin,
Chacun chez soy rongeroit son chagrin.

M. R.

Rigaudon.

En vain, fieres Beautéz, En vain vous
vous flattez, De triompher de nos liber-
tez ; Ma foy tous vos projets ne sont que
vani- tez : Armé de ce jus, Mon
cœur est en défence, Et ne vous craint
plus ; Avec un rouge bord Je

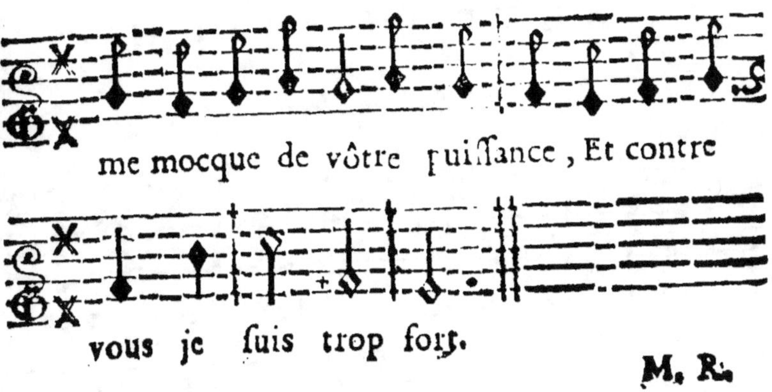
me mocque de vôtre puissance , Et contre

vous je suis trop fort.

M. R.

Sarabande.

Buvons, Buvons, ah! qu'il est doux de
boire, C'est le plus grand des plaisirs d'icy bas: La vaine gloire Qui
suit les combats, A pour moy peu d'appas; Combattons seulement en ces
lieux A qui boira le mieux De çe

M. R.

Second Couplet.

L'Amour languit, Venus n'a point de grace;
Sans le secours que leur donne le vin.
    Tout est de glace
    Sans ce jus divin;
    Voulez-vous en aimant
        Constamment,
    Goûter un sort charmant;
    Sans chagrin, sans tourment ?
    Buvez incessament.

M. R.

Troisiéme Couplet.

Un jour l'Amour qui me faisoit la guerre;
Vint m'attaquer au milieu d'un festin :
    Armé d'un verre,
    Plein de ce jus divin,
    Je bravois ce Lutin :
      Mais plus fin,
    Il se transforme en vin;
    Et se glisse soudain,
    Tout entier dans mon sein.

M. Vault.

Menuet.

Puifque nous avons & la
brune & la blonde En ce repas,
Soyons-y long-temps, ne nous en laſſons
pas : La partie eſt quarrée &
la table ronde ; Quels·mortels icy
bas, Goûtent plus d'appas.

M. R.

Second Couplet.

Ah ! quelle folie
De suivre un fatal engagement !
Ah ! quelle folie
D'aimer constamment ?
Non, ce n'est qu'en buvant
Qu'on goûte la vie,
Non, ce n'est qu'en aimant
Qu'on est content.

Troisiéme Couplet.

Les yeux de Silvie
Prés de ce Nectar doux & picquant ;
Les yeux de Silvie
N'ont rien de charmant.
N'on, ce n'est qu'en buvant
Qu'on goûte la vie,
Non, ce n'est qu'en buvant
Qu'on est content.

M. R.

ACTE TROISIE'ME.

Chœur, Divinitez des sombres bords:
Chœur.

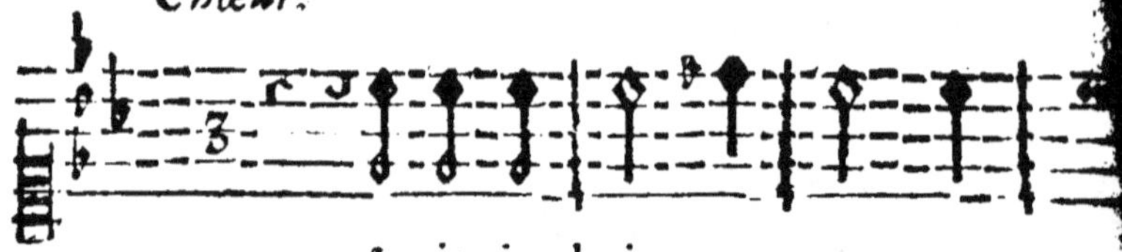

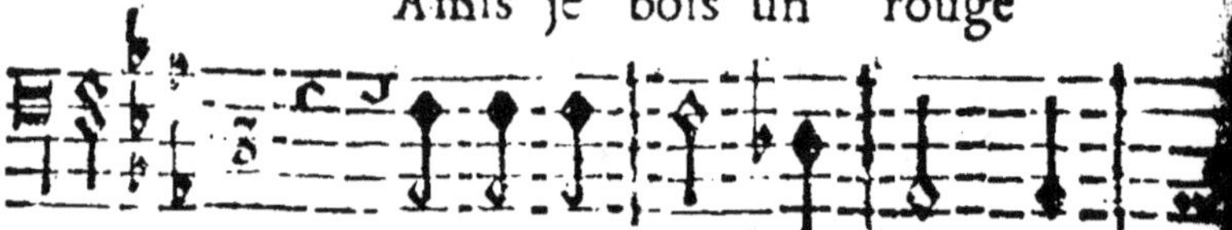

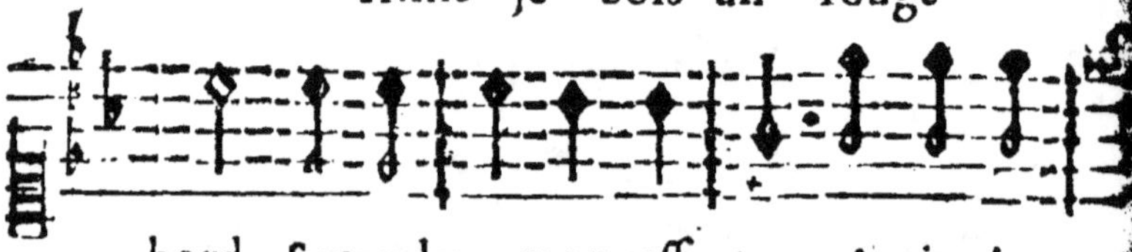

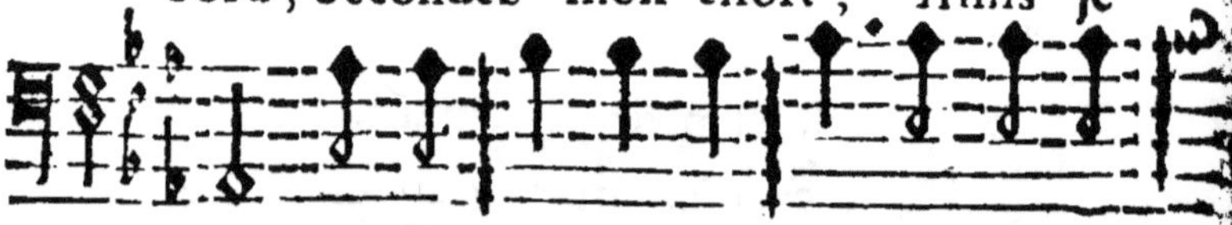

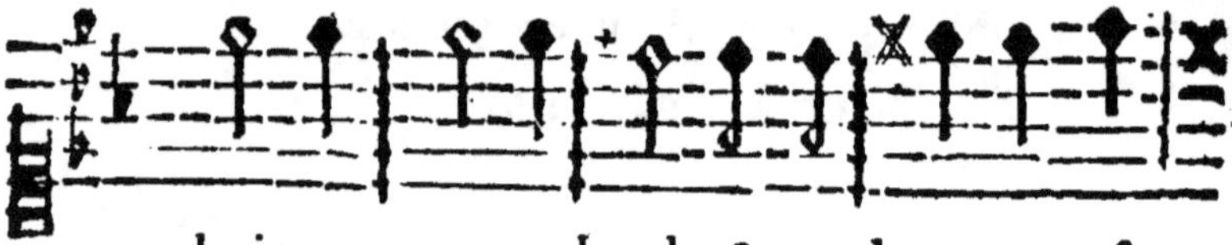

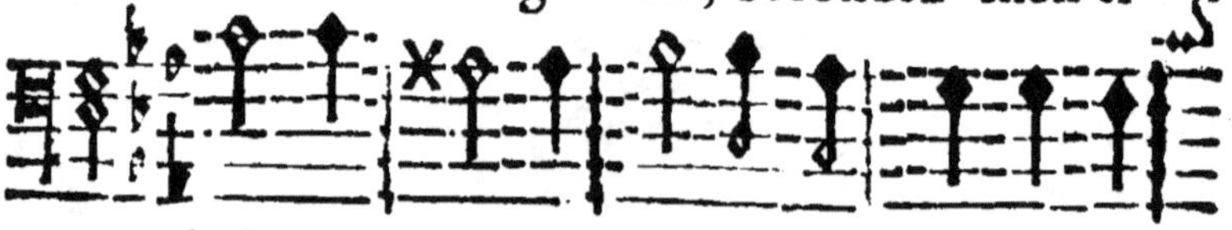

fort, Secondez Secondez, mon ef-
fort, Secondez Secondez, mon ef-
Seul.
fort. Bravons icy les coups du
fort.
fort, N'attendons point les biens dont on
veut nous flatter Aprés la mort; Aimons, buvons, chan-tons, suivons nos transports.

Chœur.
Seul.
Amis je bois un rouge bord. Je bois
Amis je bois un rouge bord.

Chœur.
un rouge bord. Amis je bois un rouge
Amis je bois un rouge

bord, Secondez mon effort, Secon-
bord, Secondez mon effort, Secon-

Seul.

dez Secondez mon effort. Ne son-
dez Secondez mon effort.

geons qu'à passer le temps, Soyons toûjours con-

Chœur.

tents. Amis je bois un rouge bord, Secon-
Amis je bois un rouge bord, Secon-

Seul.
dez mon effort.　Ce qu'on dit icy-
dez mon effort.

Chœur.
bas, Ne m'épouvante　pas.　Amis je
Amis je

bois un　rouge bord, Secondez　mon ef-
bois un　rouge bord, Secondez　mon effort ;

M Re.

Air.

Heureux dans une vie obscure, Qui, re-
gardant l'orage du port, Content de
son sort, Sans jamais desirer Ny re-
douter la mort, Vit icy pour luy seul, &
suit les loix de la nature : Heu-
re : Le bruit terrible d'un Tambour,
Ny le son perçant des Trompettes ; N'in-

terompt point son sommeil dans ces re-
traites Avant le jour E- loigné de la
Cour Dans un heureux séjour Il joü-
it en tout temps D'un éternel prin-
temps Et ne refuse rien à ses
sens; Il partage le cours De ses tranquilles
jours, Entre le bon vin & les a-

F ij

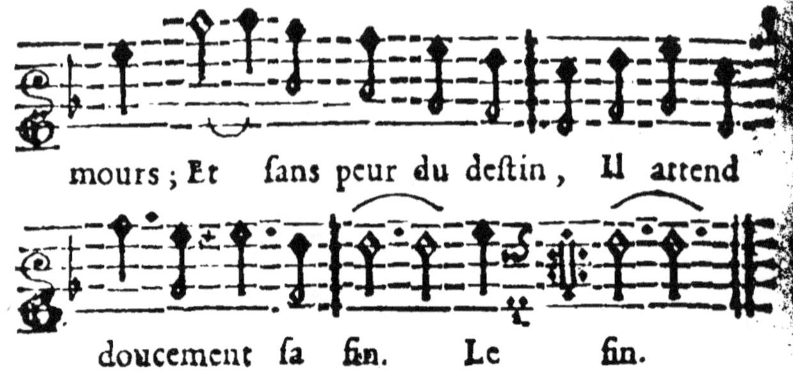

M. Re,

Fin de la mort d'Alcide.

DIDON.

Ouverture.

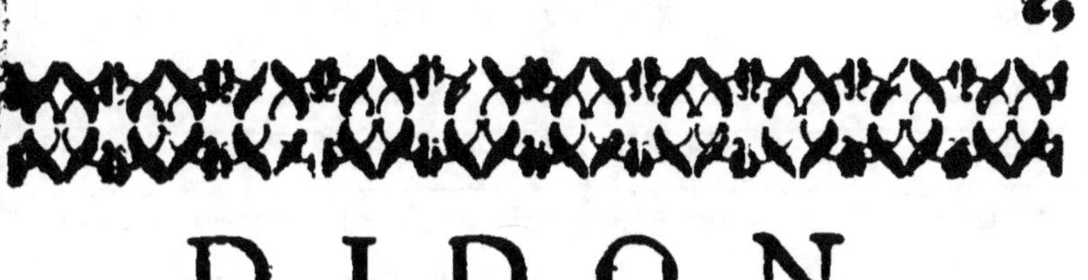

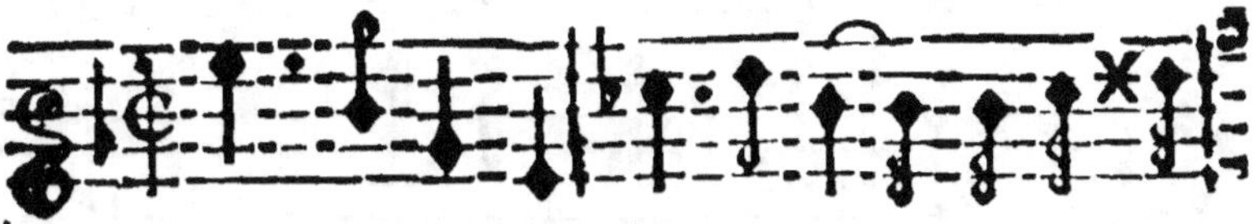

Chers Amis, Que les repas Au Caba-

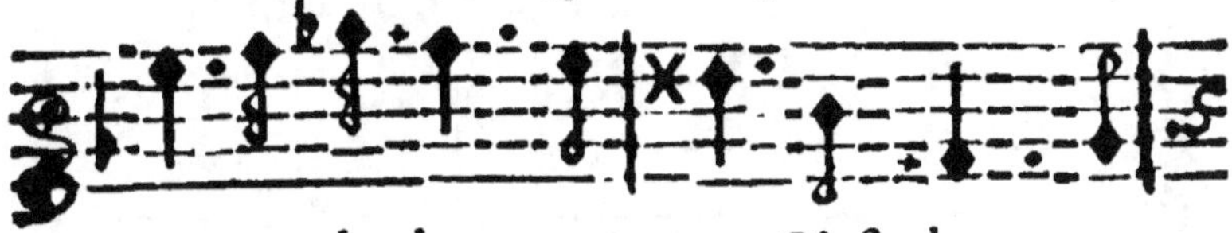

ret ont de doux appas; C'eſt dans ces

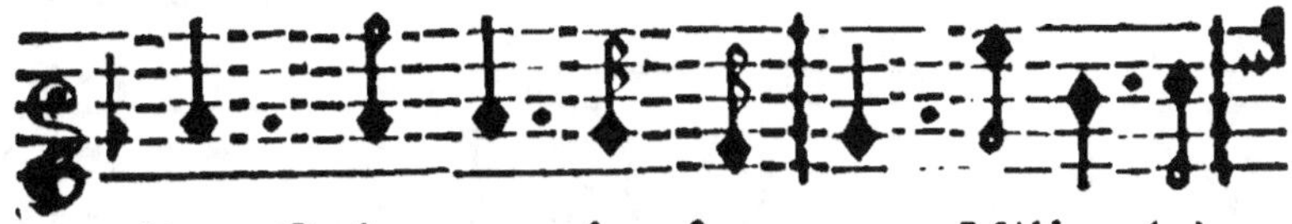

lieux Qu'on peut être heureux; Mille plai-

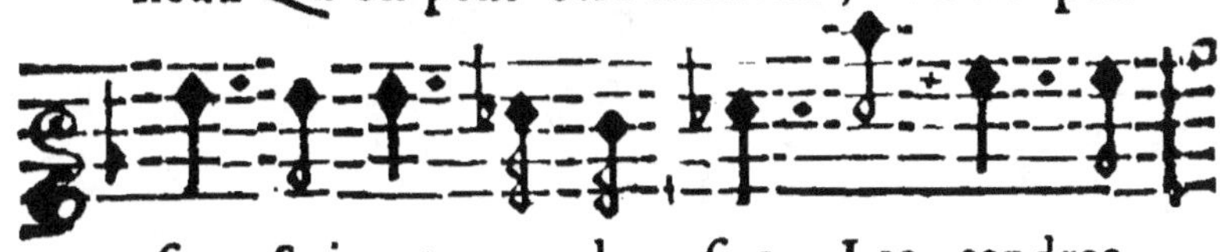

ſirs Suivent nos de- ſirs; Les tendres

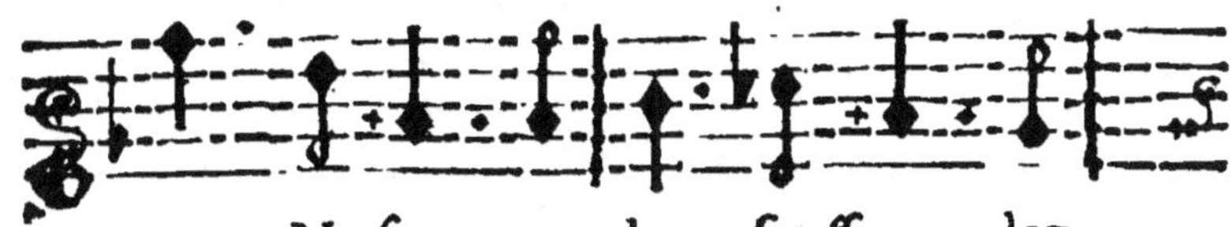

cœurs Ne ſont que des ſouffre dou-

leurs; Nargue d'Iris, Et de Cloris, A-
vec leurs mépris : pris : Pour passer
sans chagrin nos jours, Il faut sans a-
mours, Comme nous boire toûjours : Pour un buveur Une bouteille renferme une liqueur Pleine de douceur : Les sons les plus
beaux & les plus doux Ne sont pas pour

nous, Si touchans que les glous glous: Le plai-
sir le plus raviſſant D'un Amant, Ne
dure le plus ſouvent, Qu'un mo-
ment ; Mais à longs traits On ſait couler ce
jus dans le palais; Laquais du vin, Ca,
verſe moy tout plein, Et ne va pas oublier mon voiſin; Il faut pour nous éveil-

ler Sabler, De ce jus, mon go-

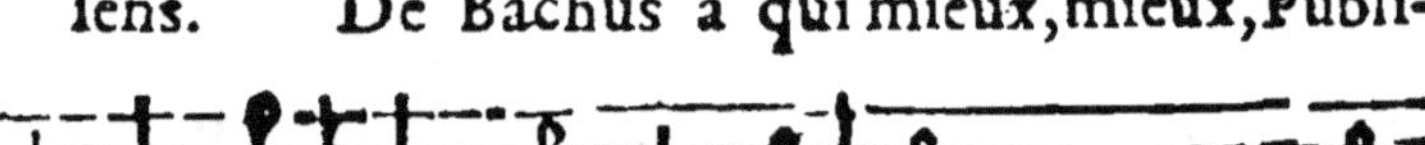
fier Ne sçauroit se lasser; Plus j'en

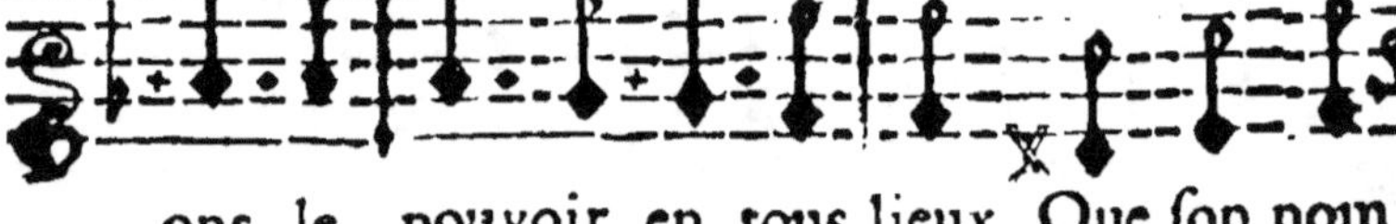
bois, plus je sens Que ses attraits charment mes

sens. De Bachus à qui mieux, mieux, Publi-

ons le pouvoir en tous lieux, Que son nom

vole jusqu'aux Cieux; Montrons i-

cy-bas Que les Dieux dás leurs repas, Ne goûtent

tent pas tant d'appas; Montrons icy-
bas, Que les Dieux dans leurs repas, Ne trouvent
pas Des plaisirs si pleins d'appas; Ils envie-
roient un bien si doux, Qui n'est fait que pour
nous, Si les Dieux des Mortels pouvoient ê-
Lentement.
tre ja- loux. On vit icy Sans
nul soucy; Pour profiter du temps qui

fuit, Paſſons - y le jour & la nuit.

M. D'Y.

PROLOGUE.

Menuet.

Vien, cher Bachus, à mon ſe-

cours; Voy les Amours Armer Iris contre mes

jours. Elle me défend ta liqueur,

Et fait gliſſer dans mon cœur Certain poi-

ſon plus dangereux, Que tous tes feux;

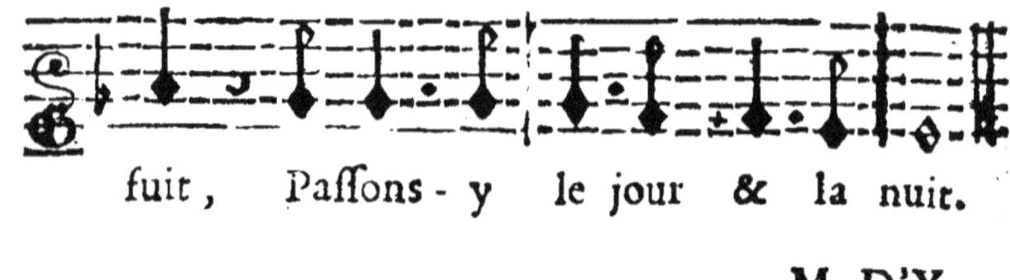

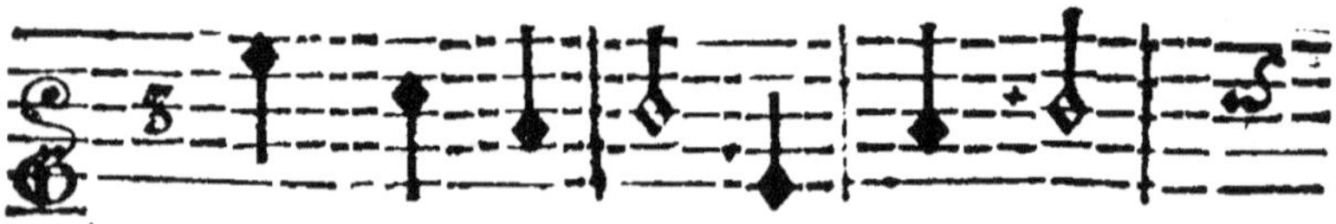

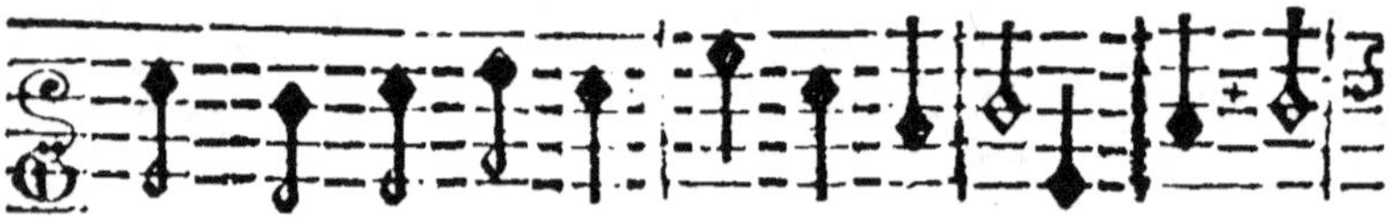

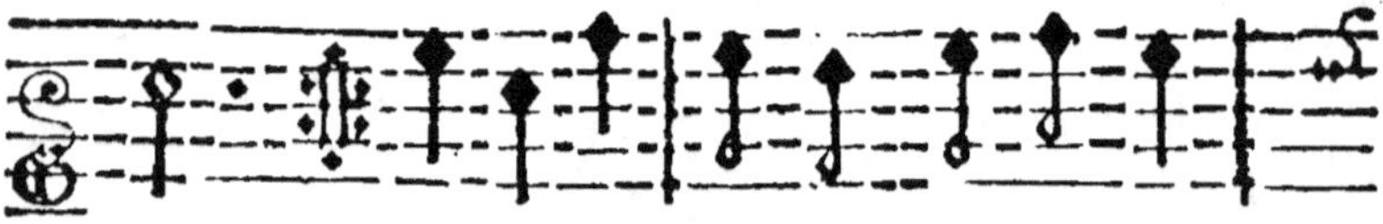

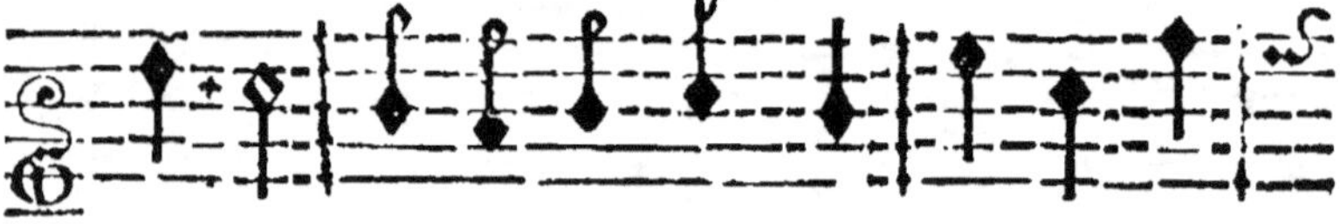

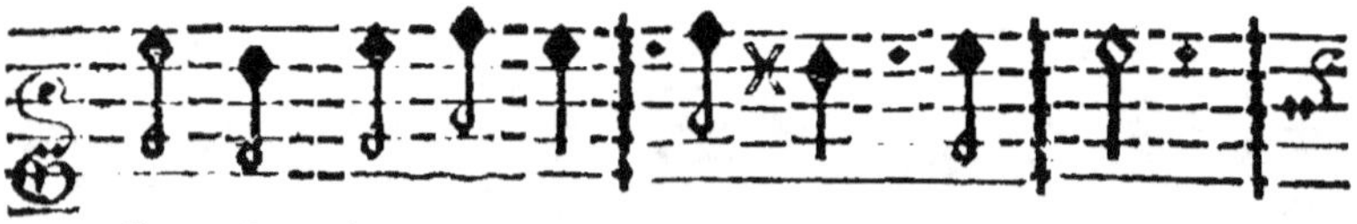

M. Vault.

Second Couplet.

Le vin nouveau
Dans un cadeau
Se boit sans eau;
Le vin nouveau
Monte au cerveau :
Que cette charmante liqueur
Nous rend d'agreable humeur !
Toûjours riant,
Toûjours chantant,
L'on est content;
Et si du chagrin l'on veut se délivrer,
Il est facile, on a qu'à s'enyvrer.

M. D'Y.

G ij

Menuet.

Ah que le vin est dele- Ctable !
Ah que ma Climeine a d'appas !
Pour trouver le temps agre- able ,
Il faut l'avoir, & faire un bon repas ;
Il n'eft point de bonheur veri- table,
Si ces plaifirs ne l'accompagnent pas

M. D'Y.

Menuet.

On ne parle icy - bas Que d'aimer & de boire, On ne parle icy-
bas Que de jeux pleins d'ap- pas.
A goûter les plaisirs on met toute sa
gloire, Et tour à tour, A Bachus, à l'A-
mour, On va faire la cour ; Ils sça-
vent dissiper nôtre humeur la plus

M. D'Y.

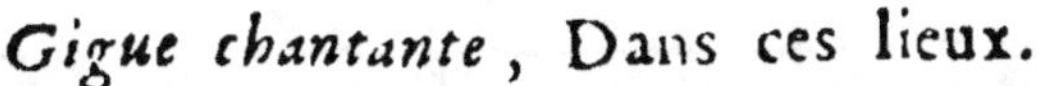

Gigue chantante, Dans ces lieux.

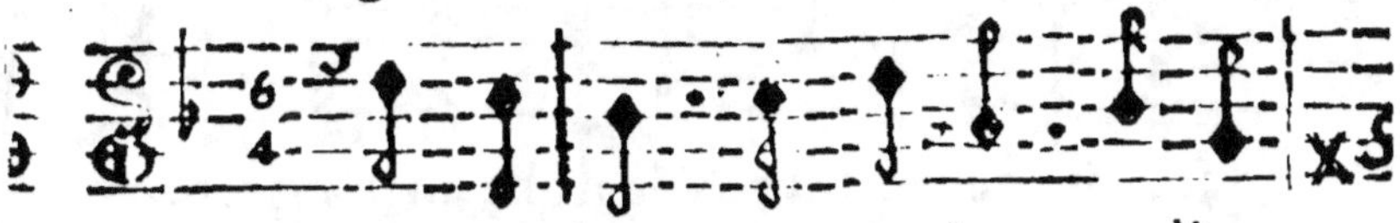

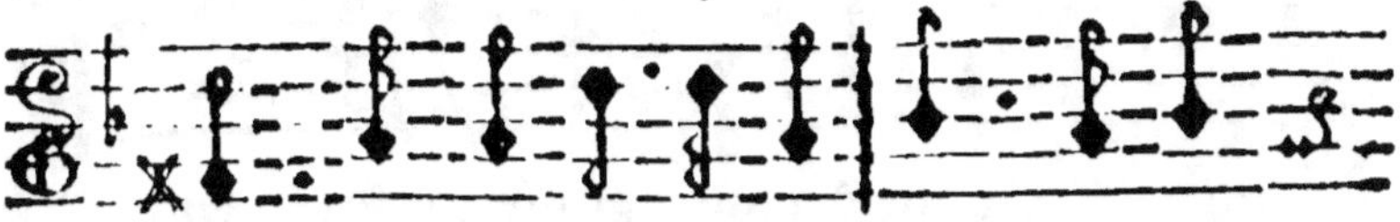

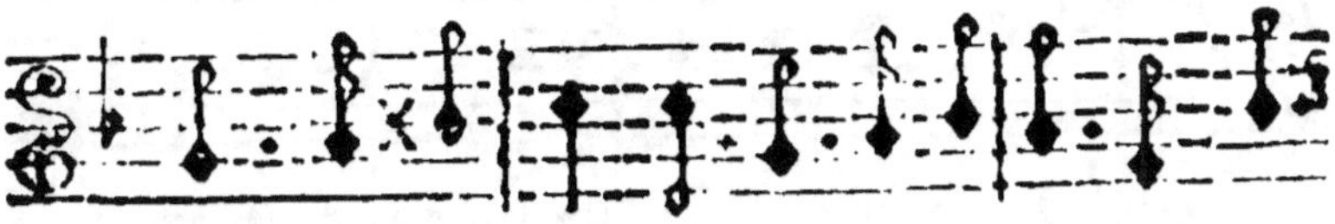

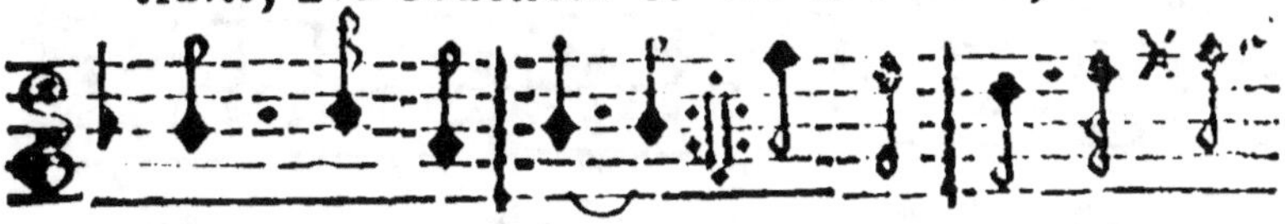

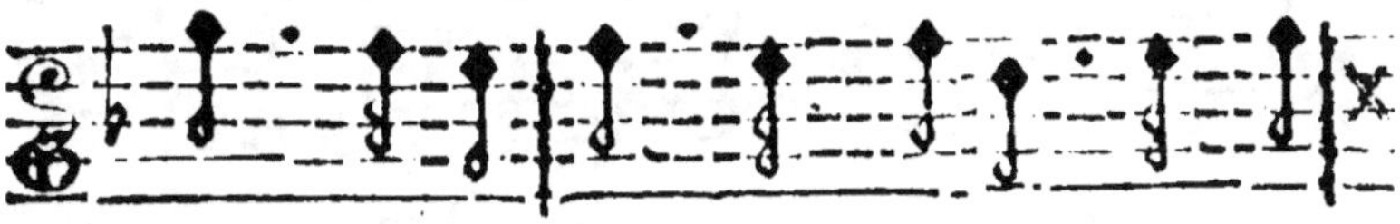

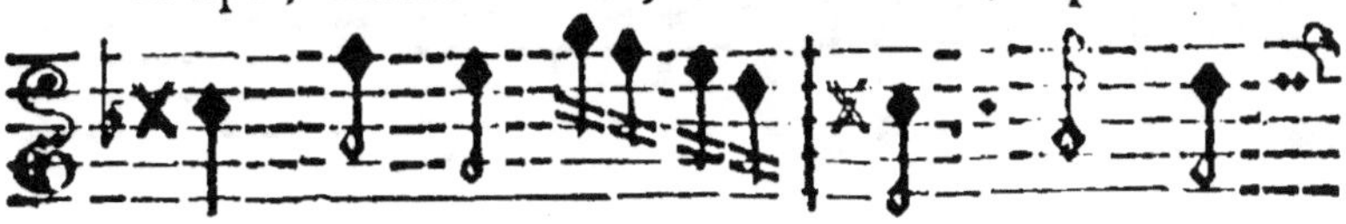

G iiij

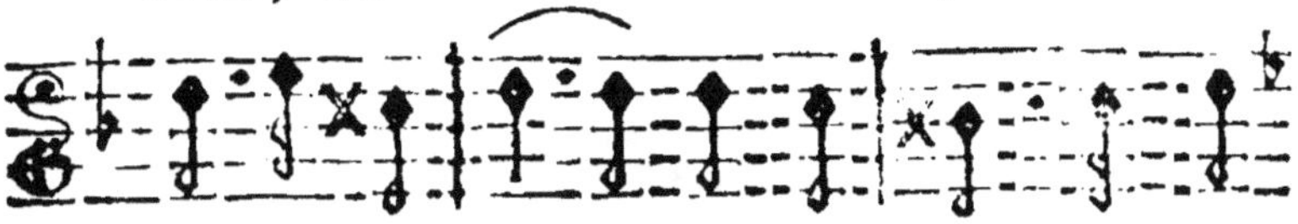

jus si charmant, S'épargne un long tour-

ment.   Qu'un Amant goûte un sort ennuy-

eux! Qu'on est malheureux, Quãd on est amou-

reux! Bon vin,   mes chers desirs, Sour-

ce de plaisirs, Aymable liqueur, Que tu

charmes mon cœur!

M. R.

ACTE SECOND.

Menuet des Dryades.

Petite Reprise.

M. R.

Rigaudon.

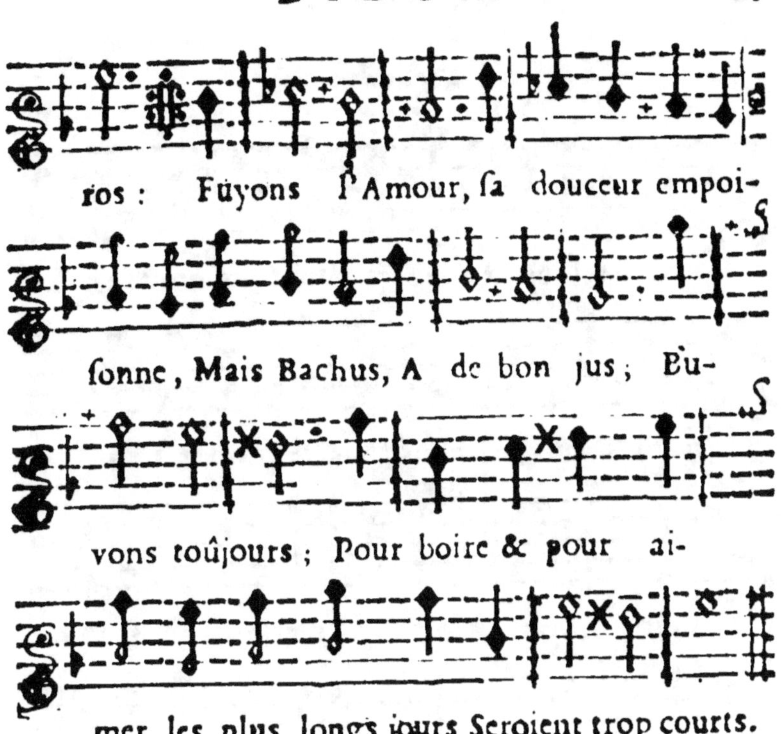

M. D'Y.

Second Couplet.

Boy, ma Philis, boy de ce vin ;
Il chasse la tristesse ;
Boy, ma Philis, boy de ce vin,
Il embellit le tein.
Que ne peut-il t'inspirer la tendresse,
Comme à moy
Lorsque j'en boy ?
Tu me verrois, aimant, buvant sans cesse
T'en verser,
Sans me lasser.

M. Vault.

Rigaudon.
Allons Amis, ça mettons-nous en
train: Trouvons-nous tous le verre à la
main; Allons Amis, ça mettons-nous en
train, Jusqu'à demain : Je commence ma
ronde, C'est l'exemple pour tous ; Que
chacun me réponde. Quel plaisir pour

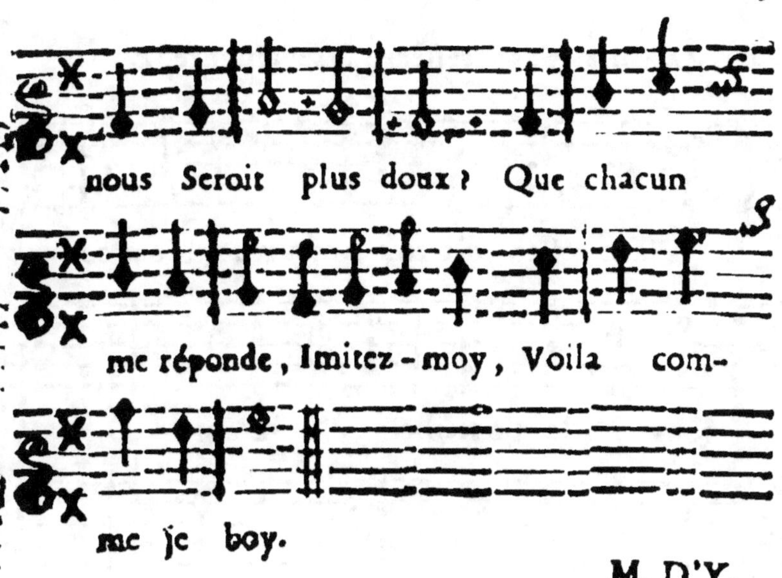
nous seroit plus doux? Que chacun
me réponde, Imitez-moy, Voila comme je boy.

M. D'Y.

Gavotte. Sans cesser d'être amoureux.

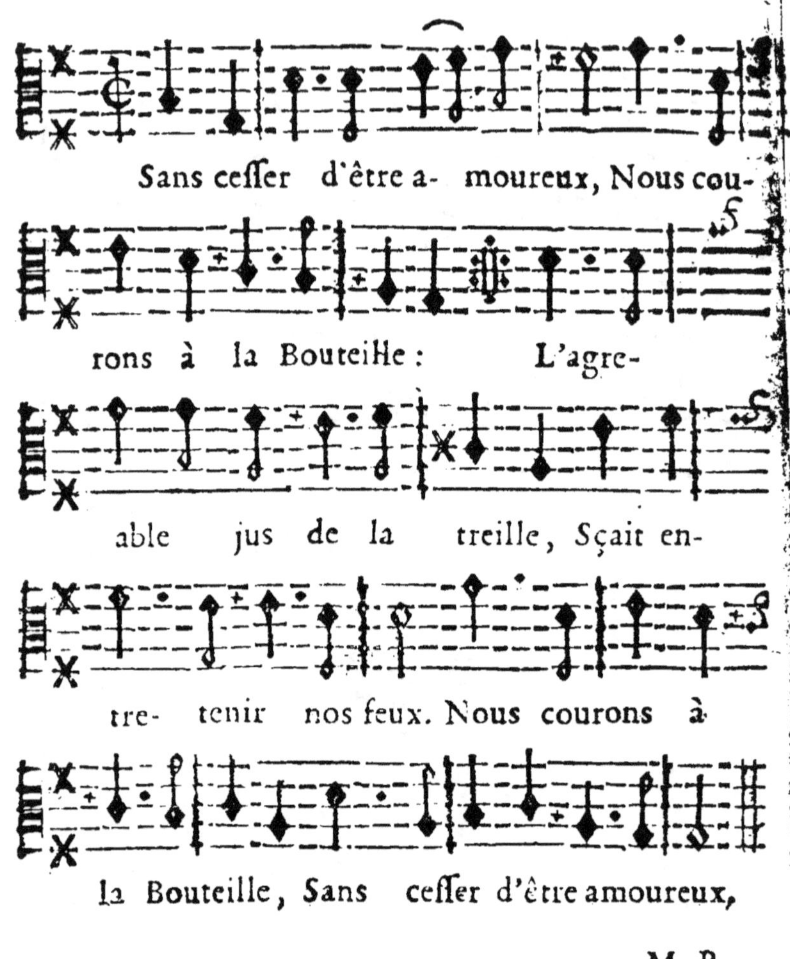

M. R.

ACTE TROISIE'ME.

Second Air des Faunes.

temps : Assez de foux A leurs genoux,
Vont se plaindre de leurs coups, Sás pouvoir rédre
leur destin plus doux : Pour braver les A-
mours, Je veux boire toûjours. On a
rempli les tonneaux De vins nouveaux;
Que de plaisirs, Aprés des soûpirs, Vont satisfaire mes desirs ?

M. D'Y.

ACTE CINQUIE'ME.

Gavotte.

Petite Reprise.

M. R.

Gavotte.

M. R.

Second Couplet.

Ne crain pas qu'un amour extrême
Par le Dieu du vin fe puiffe effacer :
Plus on boit, plus on fent qu'on aime
L'objet qui nous a fçu charmer

Melle S.

H ij

DIDON.

Passepied.

queur, Qui fit le malheur De mon
cœur. Mais les vins nouveaux, Mais les vins nouveaux, Vont mettre fin à mes
maux ; Ils ont mil- le attraits, Ils grattent
le palais ; J'en boiray nuit & jour, Malgré l'Amour.

M. D'Y.

Passepied.

Je sens que le vin A de mon

ame Eteint la flâme, Je sens que le

vin A de mon ame Banny le chagrin : Ah !

que de douceurs, Suivent mes pleurs ; Je suis trop

heureux , Tout flat- te mes vœux. Mes

maux pas- sez Seront bien-tôt recompensez.

Chantons , rions ; Les vins sont bons. Ah !

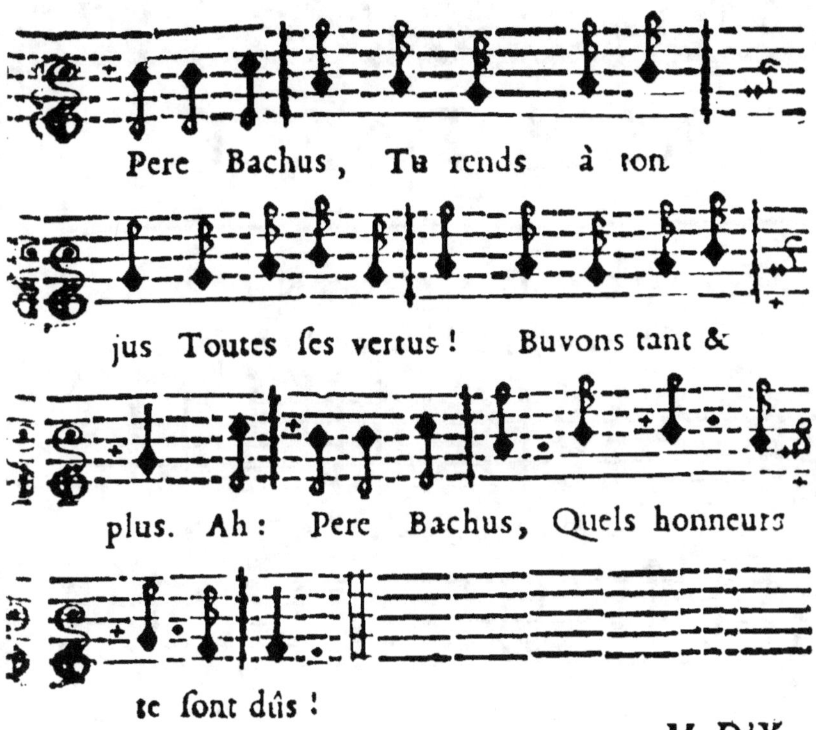

M. D'Y.

Fin de Didon.

MEDE'E.

ACTE SECOND.
Air Italien, Chi te me d'Amore.

bleu tu boiras.
Parbleu tu boi-
ras.   Aymer trop Silvie,   C'est
une   fo   lie   Dont tu reviendras;
Du mal qui t'obfede   Voicy   le remede; Reconnoy   Bachus   puifqu'il
vient à ton   ayde, Et tu gueriras.

Malgré l'esclavage   Où l'Amour t'en-

gage,   De ce doux breuvage   Par-

bleu tu boiras.   De ce doux breu-

vage, Parbleu tu boiras.

Parbleu tu boiras.

M. R.

ACTE TROISIE'ME.

Second Air des Demons.

mour &   le   vin, Reglent seuls mon de-

stin. Au milieu du bruit affreux des armes,

Je ca-   resse   les jours & les

nuits, Sans ennuis, Sans soins, sans al-

larmes, Mon verre & Cloris.

Aymer &   ris.

M. R.

Fin de Medée.

CIRCE'.

PROLOGUE.

Premier Menuet.

L iij

faire l'amour. Venus surprend la jeu-
nesse, Par un plaisir trop court.
Je ne connois point la tendresse,
Je ne connois point la tendresse,
Je ne veux point faire l'amour.

Sur *l'Air*, Tout rit dans ce boccage.

I iiij

tel ennuy. Ce vin rit dans le
tel ennuy. Ce vin rit dans le

verre, Rions tous comme luy.
verre, Rions tous comme luy.

Dans une douce guerre, Passons tout
Dans une douce guerre, Passons tout

aujourd'huy. Ce vin rit dans le
aujour- d'huy. Ce vin rit dans le

verre, Rions tous comme luy. Si la rai-
verre, Rions tous comme luy. Si la rai-

son se- vere Veut condamner ce-
son se- vere Veut condamner ce-

cy, Il faut la faire taire Et la ban-
cy, Il faut la faire taire Et la ban-

nir d'i- cy; Ce vin rit
nir d'i- cy; Ce vin rit

dans le verre, Rions tous comme luy.
dans le verre, Rions tous comme luy.

Sur l'Air, Les plaisirs suivent les peines.

la tristesse, Je dis nargue de l'A-
mour. Pour une ingratte Maîtresse, Je n'auray plus de retour; Le vin chasse
la tristesse, A Bachus je fais la
cour; Le vin chasse la tristesse; Je dis
nargue de l'Amour.

Second Couplet.

Buvons tous à pleine tasse
De ce vin delicieux ,
Buvons tous à pleine tasse
De ce doux Nectar des Dieux.
Quelque plaisir qu'Amour fasse ,
Le vin nous satisfait mieux.
  Buvons tous , &c.
Que rien ne nous embarasse ,
Et chantons à qui mieux , mieux.
  Buvons tous , &c.

CIRCE'.

ACTE PREMIER.

Sur l'Air, Je fais ma felicité.

Second Couplet.

Docteur, garde ton latin :
Pour calmer mon cruel chagrin,
Qu'ay-je besoin de ta Philosophie ?
Contre les coups du destin
Le vin seul me fortifie.

M. Vault.

CIRCE'.

ACTE QUATRIE'ME.

Premiere Loure.

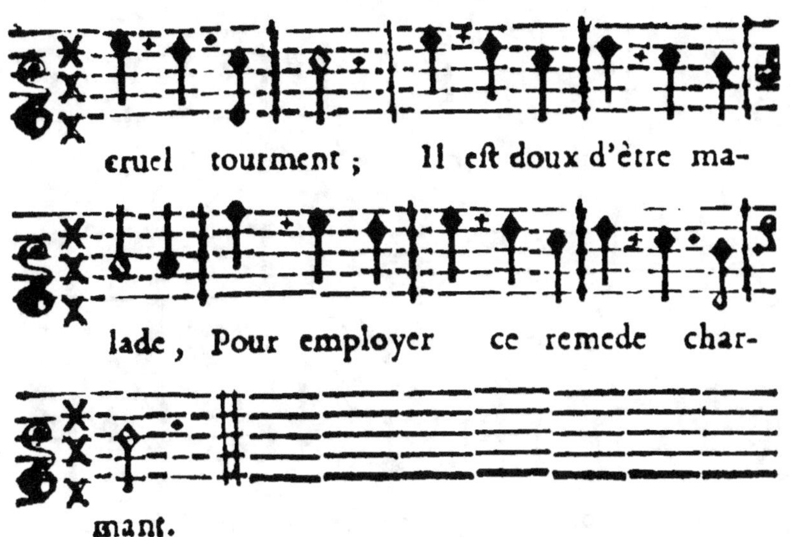
cruel tourment ; Il est doux d'être ma-
lade, Pour employer ce remede charmant.

Seconde Loure.

mour eſt un petit trompeur ; Il s'ar-
me de rigueur Auſſi - tôt que d'un
cœur, Il s'eſt rendu vainqueur ; Sa fu-
neſte langueur, Rend chagrin & ré-
veur, Que j'en ay de frayeur ! Quel bonheur D'éteindre ſon ardeur, Avec
cette liqueur !

M D'Y.
K ij

CIRCE'.
Prelude des Vents.

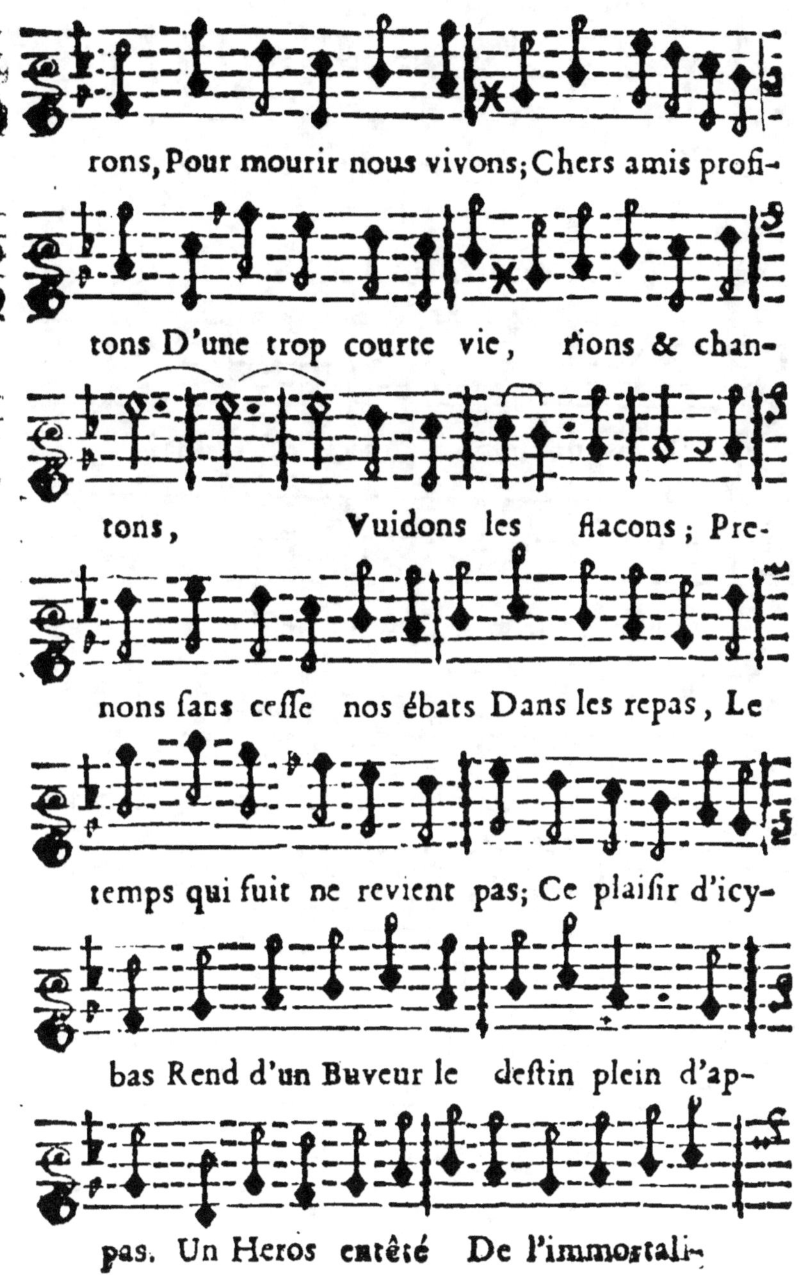
rons, Pour mourir nous vivons; Chers amis profi-
tons D'une trop courte vie, rions & chantons, Vuidons les flacons; Pre-
nons sans cesse nos ébats Dans les repas, Le
temps qui fuit ne revient pas; Ce plaisir d'icy-
bas Rend d'un Buveur le destin plein d'appas. Un Heros entêté De l'immortali-

Menuet des Nereïdes.

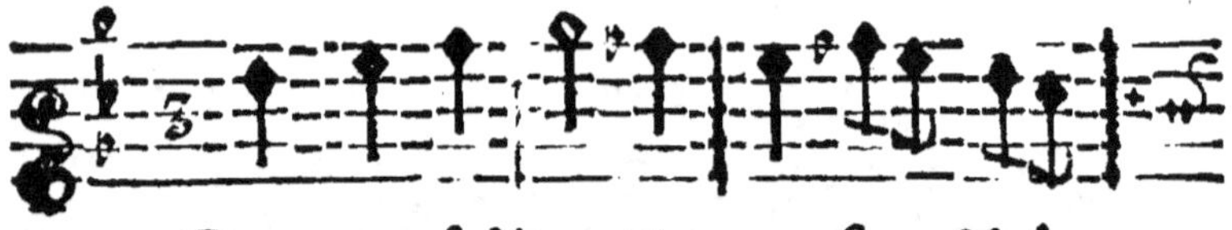

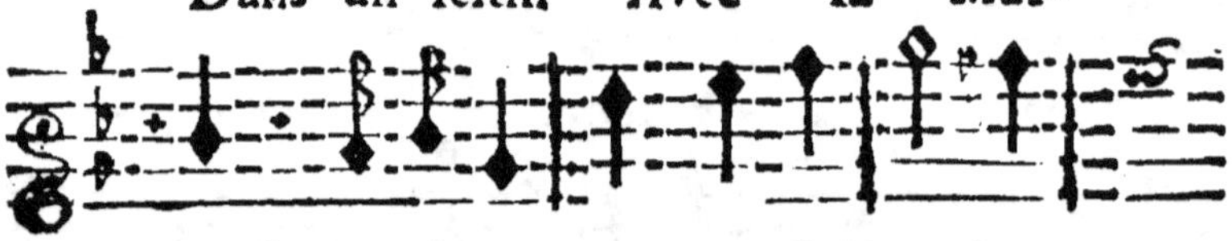

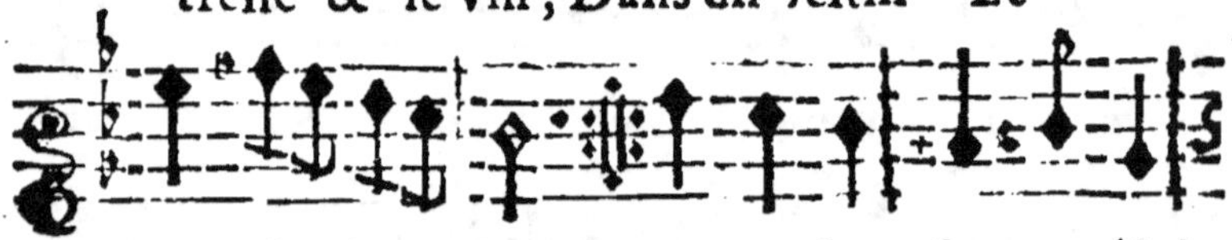

Fin de Circé.

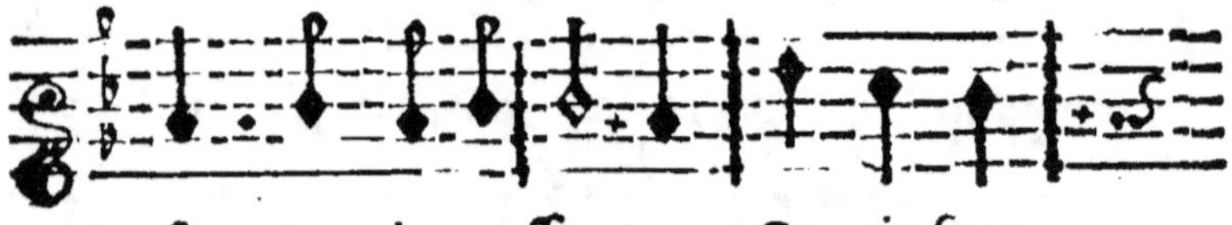

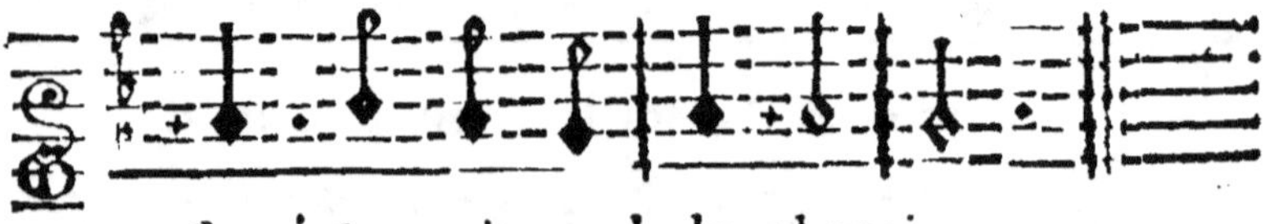

THEAGENE
ET CARICLE'E.

ACTE PREMIER.

Air, Que de beaux jours.

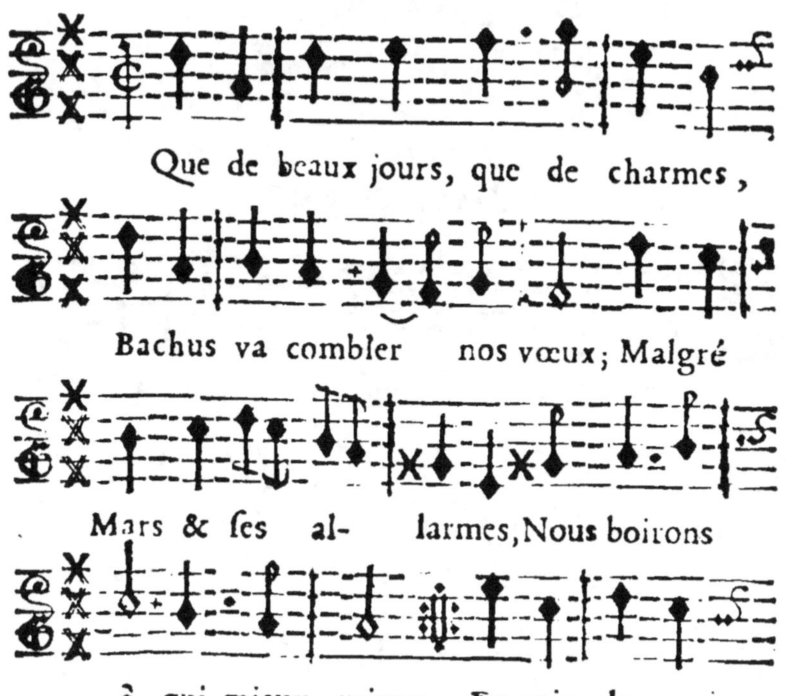

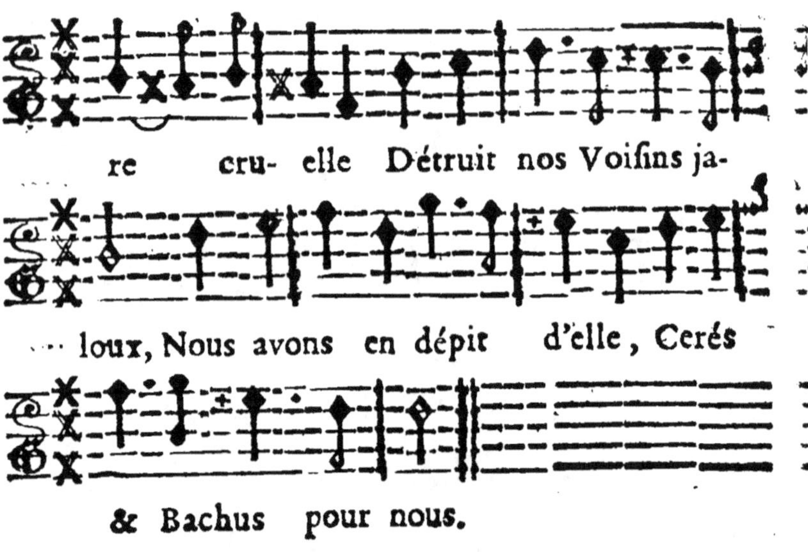

Second Couplet.

Un

M. R.

Fin de Theagene & Cariclée.

BALLET DES SAISONS.

PROLOGUE.

Air d'Hercule amoureux.

loit, la renverſoit. Tandis que de la
guerre L'on fait par toute la terre, Les ap-
prets, Chaque guerrier ſonge à ſes inte-
reſts, Mais pour nous qui n'y ſongeons ny loin ny
prés, L'exemple eſt fait exprés; Vuidons la
tonne à coups de verre, Et
nous la roulerons aprés.

Second Couplet.

Amis, voicy comme je paſſe la vie,
Je fais verſer Silvie,
Et puis je bois à longs traits,
Et ne finis jamais,
Que cet objet ſi cher
Ne vienne doucement me reprocher,
Qu'il eſt temps de ſe coucher.
La petite friponne
Souvent ſe plaint & s'étonne,
De me voir
Boire depuis le matin juſqu'au ſoir;
Mais elle ne me feroit pas tant de bruit,
Si je luy avois dit,
Qu'aux jours heureux que Bachus donne
Succede une charmante nuit.

M. D. L. F.

DES SAISONS.

Troiſiéme Couplet.

Amis, je ne ſuis pas le ſeul qui ſo......
Dans l'amoureux empi...,
Mais je ſuis ſi malheureux,
Que déſormais je veux,
Abandonner Venus,
Pour ſuivre l'étendart du Dieu Bachus;
Et me nourrir de ſon jus.
De crainte d'être étique
A l'Amour je fais la nique,
Cupidon,
Ny ſon carquois ne vaut pas un flacon;
Je me ris de luy, de ſon pouvoir divin,
J'incague le deſtin,
S'il veut que ſa fléche me pique,
Il la trempera dans du vin.

Quatriéme Couplet.

Je mets une Eclanche au deſſus du pinacle ,
Je prononce en oracle ;
Que prés d'elle les Perderis ,
Sont dignes de mépris ;
C'eſt un excellent mets
Je n'y voy point de car , de ſi , de mais ;
J'en veux manger deſormais.
Dans une goinfrerie
Le plus ſouvent je m'écrie ,
Alloyaux ,
Vous êtes des joyaux
Pour mes boyaux ;
Et nous qui ſommes des gens
Intelligens ,
Nous tenons pour des ſots
Tous ceux qui feront raillerie ,
Des Alloyaux , & des Gigots.

M. D. L.

Cinquiéme Couplet.

Voguons, les nappes nous serviront de voiles,
Et les verres d'étoiles ;
Le buffet sera le Nort,
Et la table le Port :
Pour trouver un vaisseau
Bien calfeutré qui ne prenne point l'eau,
Faut se servir d'un tonneau.
Pour biscuit, du fromage,
Des saucissons, pour cordage,
Vents de rots,
Les valets serviront de Matelots ;
Ainsi triomphant dessus les rouges flots,
Tous armez de Gigots,
Nous nous mocquerons de l'orage,
Et ne craindrons point les Brûlots.

Sixiéme Couplet.

Amis , qu'on est bien chez cette aymable Hôtesse !
L'ennuyeuse tristesse
N'y fit jamais séjour,
Les Plaisirs chaque jour,
Pour luy faire leur cour
Y viennent, déguisez differemment,
Offrir quelque amusement.
Les ris , la bonne chere
Y font nôtre unique affaire,
Entre nous ,
Ne sont-ce pas là des plaisirs bien doux ?
Elle permet à nôtre vivacité ,
Un peu de liberté ;
Ailleurs nous ne trouverons guere ,
Cette même felicité.

PREMIERE ENTRE'E.

Air des Mores.

M. D. L. F.

SECONDE ENTRE'E.

Branle.

M. L. B.

Second Couplet.

Nos plus fiers ennemis,
Les Cabaretiers de Paris,
A rançon nous avoient tous mis.
Mais Bachus par un secours divin
Avec le Soleil d'intelligence,
Vient de relever nôtre esperance;
   Nous aurons du vin,   *bis.*
Bannissons desormais le chagrin. *bis.*

M. R.

BALLET

Rondeau.

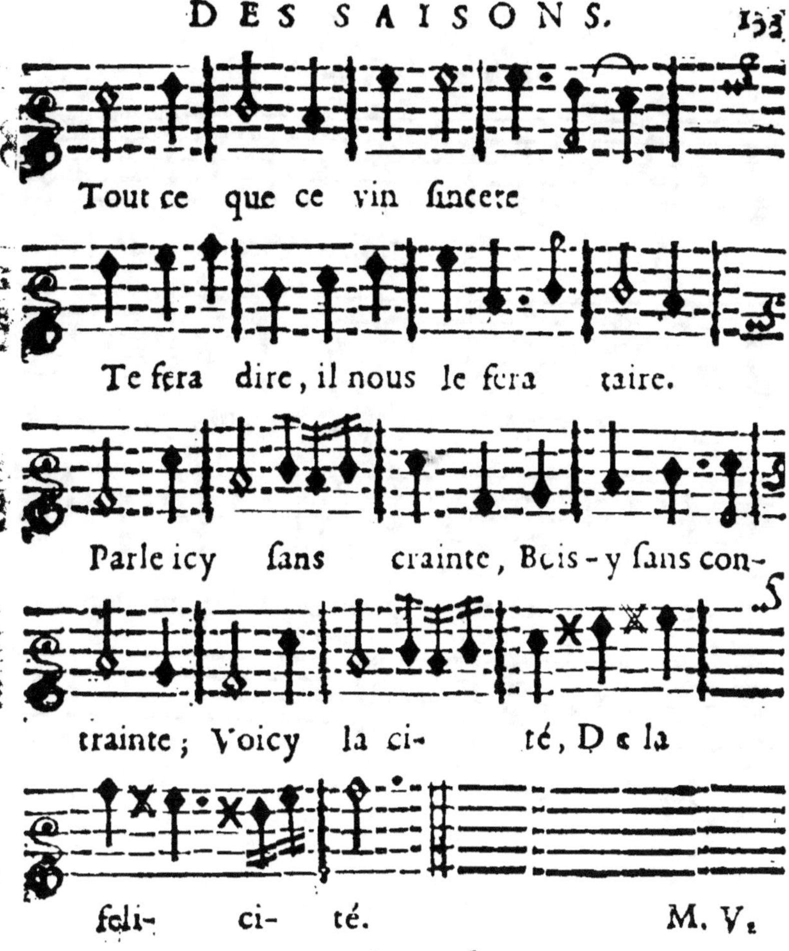

Second Couplet.

Parle icy sans crainte,
Bois-y sans contrainte;
Voicy la cité,
De la felicité.
Voy Bachus accompagné des Graces;
Ecarter de nous feinte & grimaces;
Parle icy, &c.
Ce qu'on y fait de folie,
Quand on en sort ou se cache, ou s'oublie.
Parle icy, &c.

BALLET

Marche de Chantilly.

Second Couplet.

'Aller à la guerre
N'eft pas mon métier,
Je ne fuis guerrier
Qu'au fon du pot & du verre ;
Je ne fuis guerrier,
Que dans le petit Panier.

M. R.

QUATRIE'ME ENTRE'E.

Marche.

Second Couplet.

Si vôtre Maîtreſſe

Eſt une tygreſſe,

Qui vous tourmente nuit & jour,

Rompez avec l'Amour :

D'un Dieu plus aymable

Suivez le deſtin,

En eſt-il de plus agreable

Que le Dieu du vin ?

Sarabande Eſpagnolle.

M. R.

Fin du Ballet des Saiſons.

ARIANE ET BACHUS.

PROLOGUE.

Gigue.

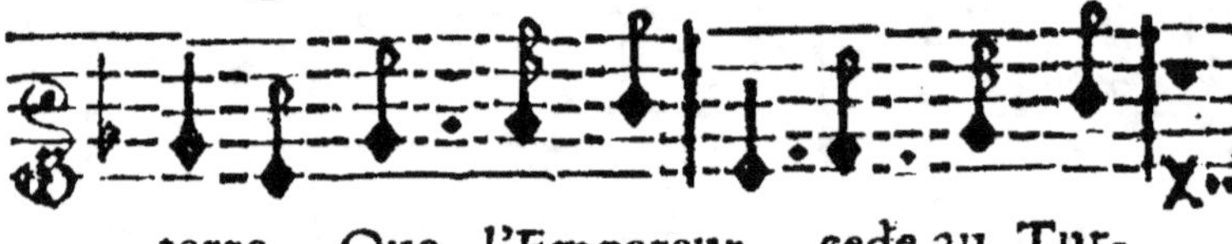

pleine d'attraits, Pour moy faite exprés.

M. Re.

Fin d'Ariane & Bachus.

LA NAISSANCE DE VENUS.

ACTE PREMIER.

Marche.

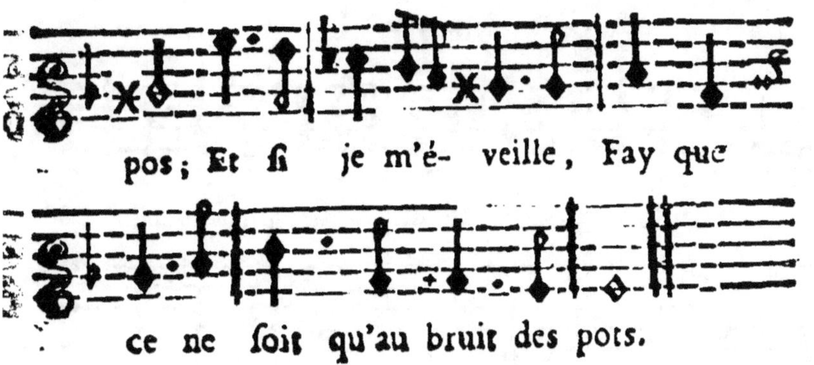

M. Vault.

Bourée.

M. Vault.

Fin de la Naissance de Venus, &
de la troisiéme Partie des Parodies.

VAUDEVILLES
OU
RONDES DE TABLE.

PREMIER CONCERT.

*Celuy qui tient le Livre & la Bouteille chante seul
chaque Air jusqu'au Point de reprise, &
la Ronde les repete.*

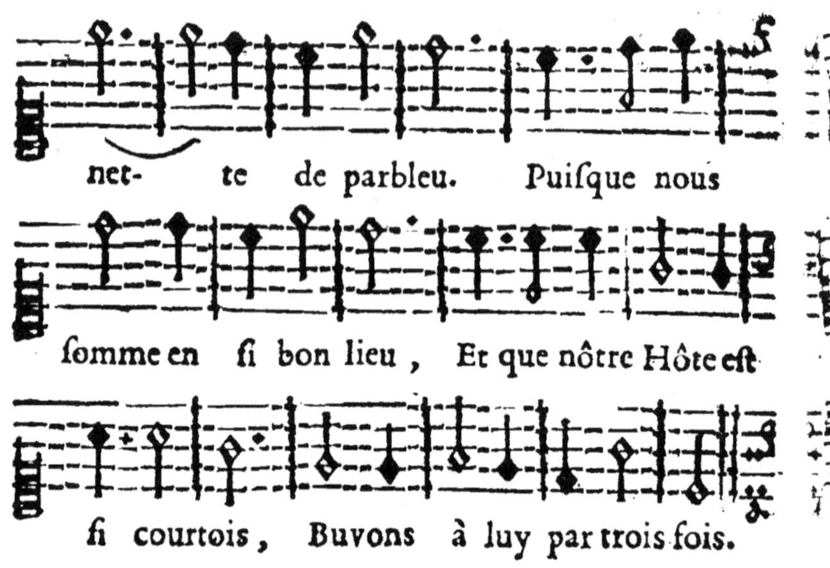

Refrain à Trois.

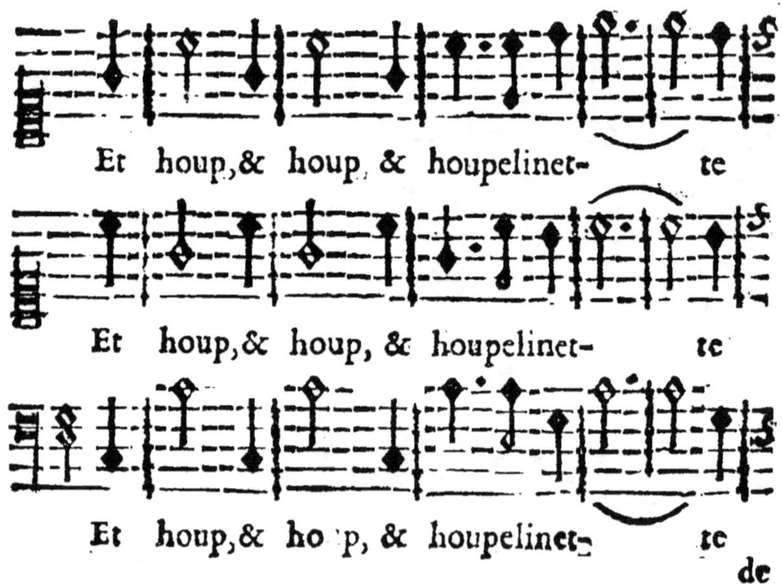

de

de parbleu; Puifque nous fommes en
de parbleu; Puifque nous fommes en
de parbleu; Puifque nous fommes en

fi bon lieu, Et que nôtre Hôte eft fi cour-
fi bon lieu, Et que nôtre Hôte eft fi cour-
fi bon lieu, Et que nôtre Hôte eft fi cour-

Second Couplet.

Il a bû jusqu'au milieu
Houpelinette de parbleu :
Il en faut, &c.

L'on reprend, Et houpelinette, &c.

Troisiéme Couplet.

Il a bû jusques au cû ,
Mon cher Amy l'as-tu vû :
Il en faut, &c.

Et houpelinette, &c.

Air du Traquenard.

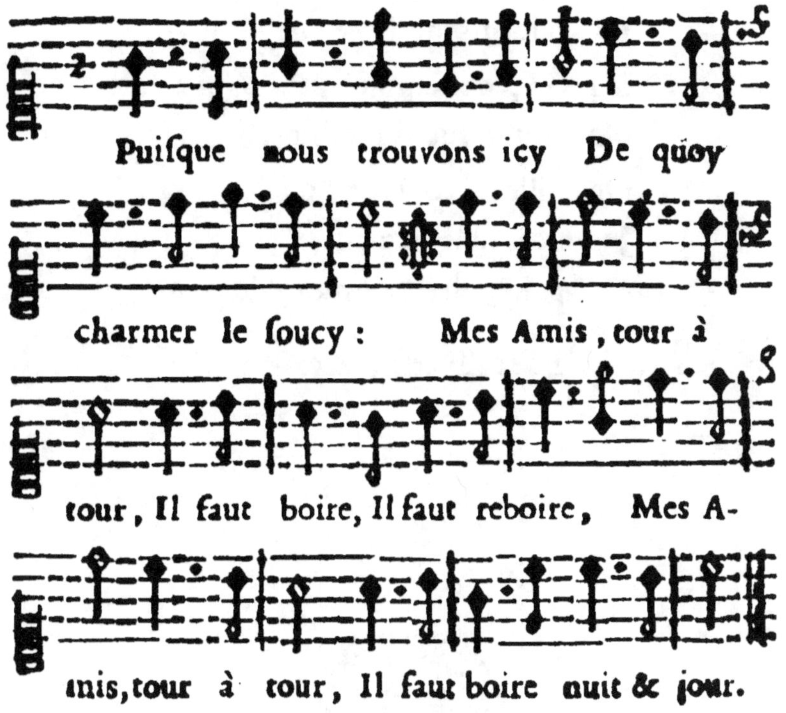

Et houpelinette, &c.

Second Couplet.

Chers Amis dans le bon vin,
Noyons l'amoureux chagrin :
Pour guerir de l'amour
La bouteille
Fait merveille,
Pour guerir de l'amour,
Il faut boire nuit & jour.

Et houpelinette, &c.

Troisiéme Couplet.

Je voudrois qu'il ne fût point
De vin, de femmes, de pain :
Mais qu'il fût du raisin,
Des filles, de la farine ;
Je ferois dés demain
Du pain, des femmes, du vin.

Et houpelinette, &c.

Et houpelinette, &c.

Et houpelinette, &c,

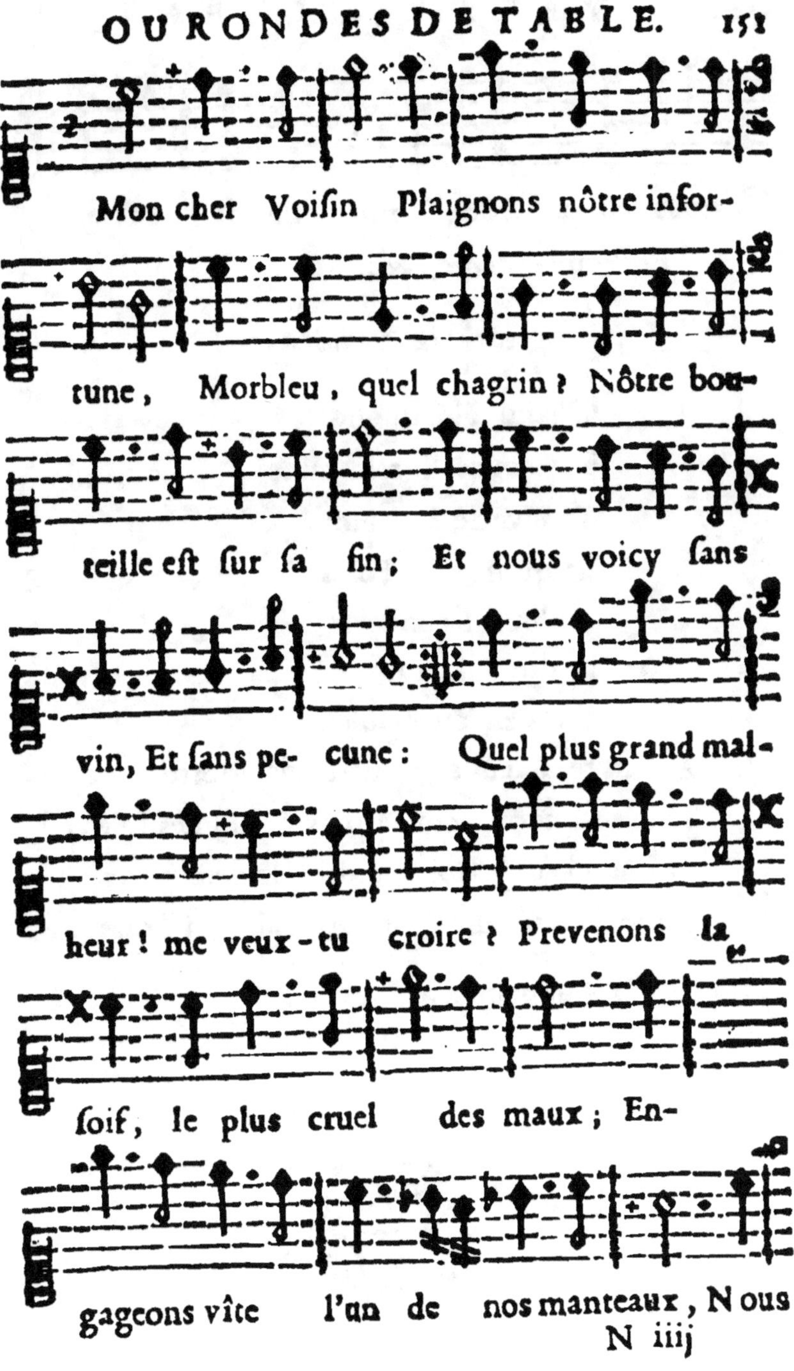
Mon cher Voisin Plaignons nôtre infor-
tune, Morbleu, quel chagrin ? Nôtre bouteille est sur sa fin; Et nous voicy sans
vin, Et sans pe- cune : Quel plus grand malheur ! me veux-tu croire ? Prevenons la
soif, le plus cruel des maux ; En-
gageons vîte l'un de nos manteaux, Nous

N iiij

nous en paſſerons , mieux que de   boire.

Et houpelinette, &c.

Second Couplet.

Quand Florimond
Les coudes ſur la table
Trouve le vin bon ,
Et qu'il a la Fond
    Pour ſecond ,
Il dit à ſa raiſon
Va t'en au diable :
'A ſuivre Bachus je mets ma gloire,
Je le reconnois pour le plus grand des Dieux;
Et quand je devrois perdre les deux yeux,
Laquais, inceſſamment à boire , à boire.

    Et houpelinette, &c.

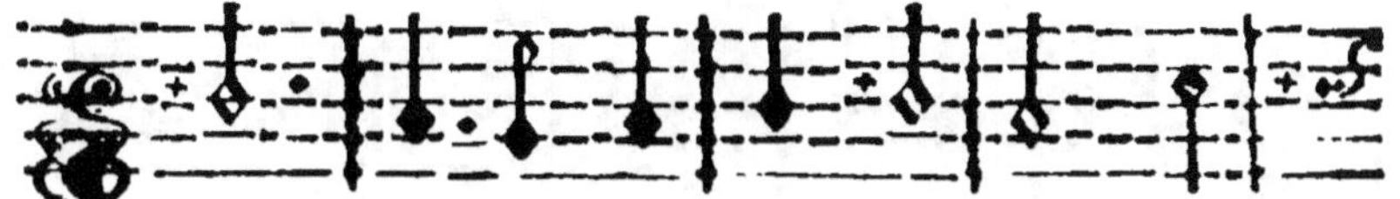

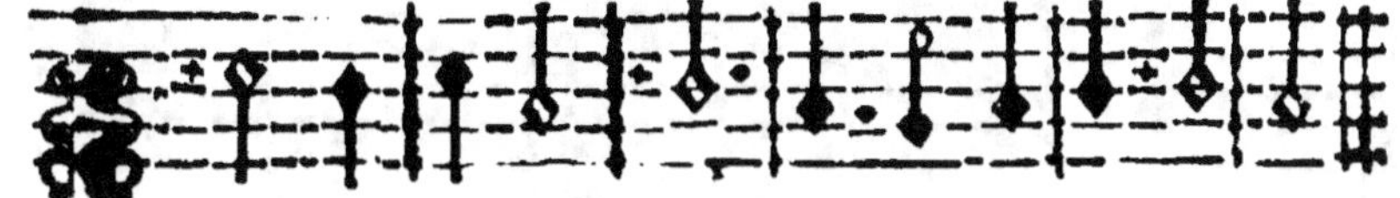

Et houpelinette, &c.

Second Couplet.

Que tu plais à mes yeux, *bis.*
Quand tu tiens de Bachus le sceptre precieux ?
Mais le flambeau d'Amour te sieroit encor mieux.

Et houpelinette, &c.

Troisiéme Couplet.

Je jure par tes yeux : *bis.*
Serment qui m'est plus cher, que de jurer les Dieux,
Que si je t'ayme bien, je bois encore mieux.

Et houpelinette, &c.

Et houpelinette , &c.

Second Couplet.

Si tu souffres qu'en ce repas
Iris étale ses appas,
Dieu Bachus, c'est fait de ta gloire :
Car quoy que ton jus soit divin,
Chacun va, sans songer à boire,
Prendre plus d'amour que de vin.

Et houpelinette, &c.

Fin de la Premiere Ronde.

SECONDE RONDE.

Refrain à Trois.

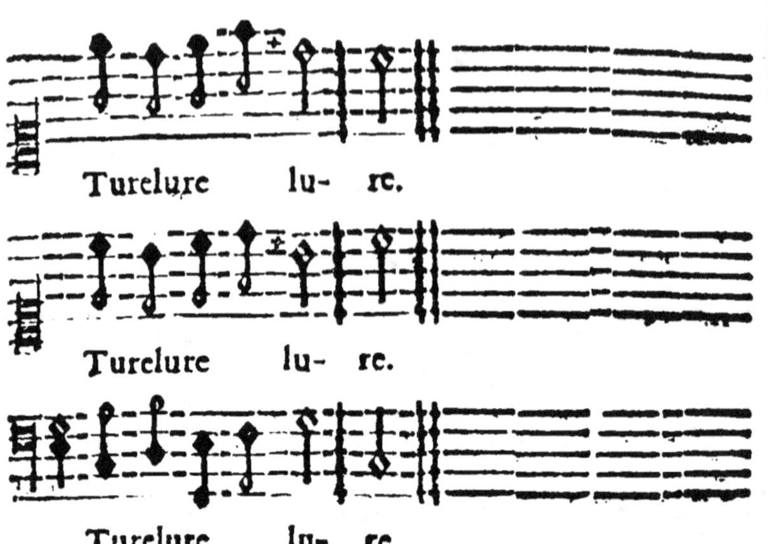
Turelure lu- re.
Turelure lu- re.
Turelure lu- re.

à deux.

Doux charme de la vie, Voy
Doux charme de la vie, Voy

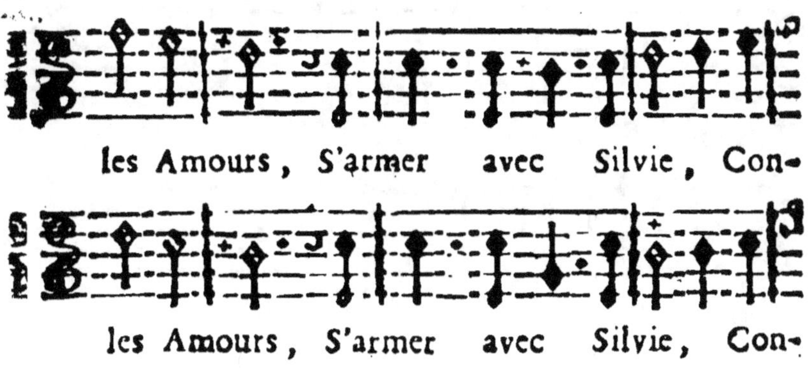
les Amours, S'armer avec Silvie, Con-
les Amours, S'armer avec Silvie, Con-

tre mes jours; A mon secours, Bachus, à
tre mes jours; A mon secours, Bachus, à

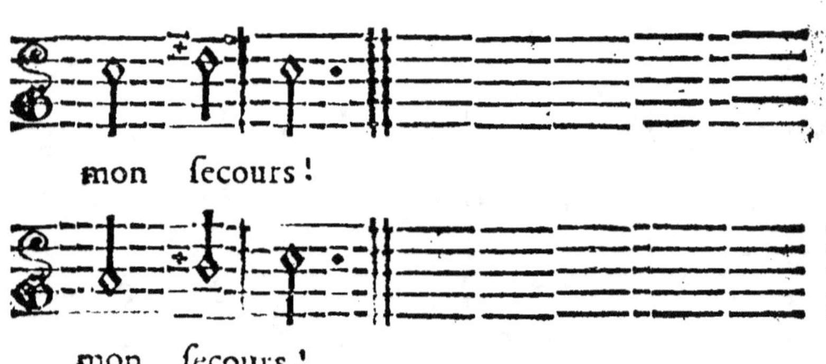

Recommençons , &c.

Second Couplet.

Une fecrette flamme
Brûle en mon fein ;
Pour chaffer de mon ame
Son doux venin
Je bois en vain, Bachus, je bois en vain.

Recommençons , &c.

Troifiéme

Troisiéme Couplet.

Le vin ne peut me rendre
Moins amoureux :
Helas ! où puis-je prendre ,
Ces cruels feux
C'est dans vos yeux , Philis , c'est dans vos yeux.

Recommençons , &c.

Quatriéme Couplet.

Quand je me trouve à table
Avec bon vin ,
Ce jus si delectable
Me met en train ;
Et j'envoye au Diable ,
Tout le chagrin.

Recommençons , &c.

Je fais souvent raisonner ma Musette.

Recommençons, &c.

Second Couplet.

Bachus disoit, pour m'engager à boire
Qu'il guerissoit d'Amour & de ses soins ;
Il m'a trompé, je ne le veux plus croire ;
J'ay beau trinquer, je n'en aime pas moins.

Recommençons, &c.

Troisiéme Couplet.

Il est des maux, qui viennent dans la vie;
Qu'on peut guerir par le secours du vin;
Mais pour tous ceux qui viennent de Silvie,
Le seul amour en est le medecin.

Recommençons, &c.

Quatriéme Couplet.

Tous les matins, si-tôt que je m'éveille;
Je prends toûjours de la rouge liqueur;
Si je manquois à vuider ma bouteille,
Bien-tôt l'Amour entreroit dans mon cœur.

Recommençons, &c.

suis au lit.

Recommençons , &c

Second Couplet.

Sçais-tu la difference
De l'Amour à Bachus,
La sçais-tu ?
Bachus remply sa pence,
Mais l'Amour plus joly
Plus poly
Remplit celle d'autruy.

Recommençons , &c.

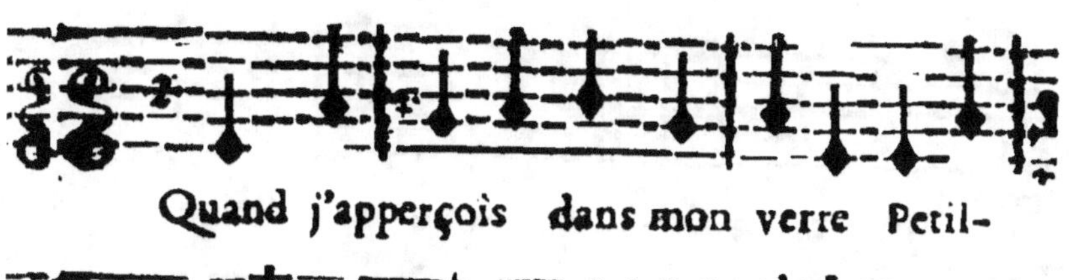

Recommençons, &c.

J'ay crû voir cette nuit en songe,

Bachus la bouteille à la main :

Qui m'offroit, par son jus divin, D'étouffer

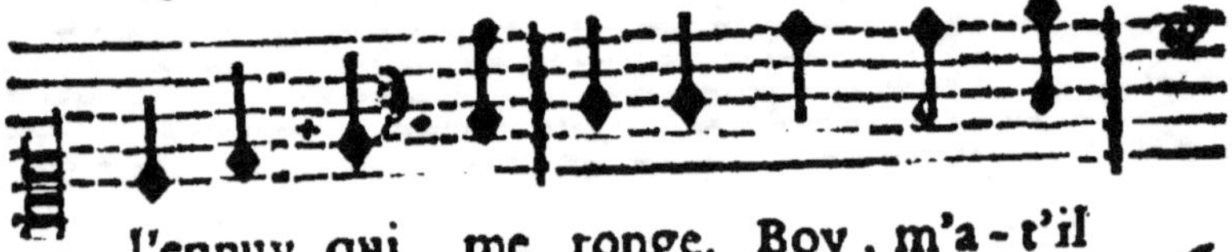

l'ennuy qui me ronge. Boy, m'a-t'il

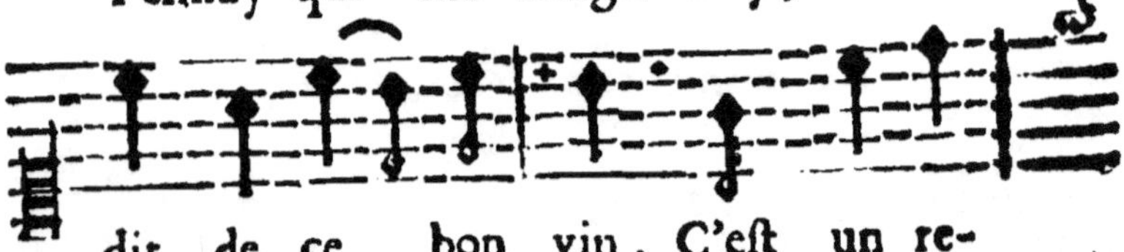

dit, de ce bon vin, C'est un re-

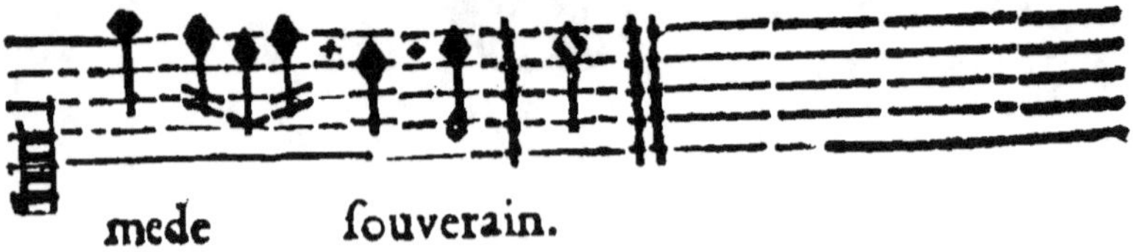

mede souverain.

Recommençons , &c.

Air de la Fronde.

Recommençons, &c.

Second Couplet.

Il faut fur un ton lamentable
Nous faire de triftes adieux ,
Ah quand je dois quitter la table ,
Les larmes m'en viennent aux yeux !
Adieu charmant vin de Champagne ,
Adieu vray païs de cocagne ;
Adieu plaifirs , adieu repos ,
Adieu les verres & les pots !

Recommençons, &c.

Fin de la Seconde Ronde.

TROISIE'ME RONDE.

Refrain à Trois.

Air de Jean de Vert.

Je ne sçaurois, &c.   P ij

Je sçais pour toute chanson.

Je ne sçaurois , &c.

Second Couplet.

Quand une injuste Climeine
A pour vous trop de rigueur ;
Pour soulager vôtre peine
Prenez de cette liqueur :
On dit qu'elle est souveraine
Contre tous les maux de cœur.

Je ne sçaurois , &c.

Troisiéme Couplet.

Que mon sort est agreable,
Tout ce que je vois, me rit;
Bachus me sert à la table
Et l'Amour me berce au lit;
Et de ce qu'ils ont d'aymable
Je puis user jour & nuit.

Je ne sçaurois, &c.

Quatriéme Couplet.

Je veux bien que l'on me berne,
Si, tant que j'auray du vin,
Je sors de cette taverne,
Qu'en revoyant le matin:
C'est ainsi, que sans lanterne
On retrouve son chemin.

Je ne sçaurois, &c.

L'Amour est ma mala- die, Et le
Entre   la mort & la vie, Ils par-

vin mon medecin,   Mille   fois, cru-
tagent mon deftin :

elle Aminte,   Vos rigueurs m'ont fait mou-

rir, Mille   fois, aimable   Pinte, Vôtre

jus m'a fçû   guerir.

Je ne fçaurois , &c.

avec son Voisin.

Je ne sçaurois, &c.

Second Couplet.
Suivons la maxime
De nôtre Voisin :
Il prétend que c'est un crime ;
De n'aymer pas le bon vin.

Je ne sçaurois, &c.
Troisiéme Couplet.
Pendant que nous sommes
Nous faut réjoüir :
Le premier de tous les hommes,
Est encore à revenir.

Je ne sçaurois, &c.
Quatriéme Couplet.
Que sert la sagesse
A gens comme nous ?
Les sept Sages de la Gréce
Sont morts, comme les plus foux.

Je ne sçaurois, &c. P iiij

Je ne sçaurois, &c.

Second Couplet.

Le plaisir veut que l'on s'empresse,
On le perd quand on le remet:
Souvent l'Amour nous en promet;
Et tient rarement sa promesse.

Je ne sçaurois, &c.

Troisiéme Couplet.

Pour faire un repas agreable
Il faut faire choix de bon vin,
N'avoir ny foucy, ny chagrin ;
Et bannir l'Amour de la table.

Je ne fçaurois , &c.

Quatriéme Couplet.

Quelques Amis, une Silvie ;
Santé, bonne chere, bon vin ,
C'eft le fecours, que du deftin
J'attends, pour bien paffer la vie.

Je ne fçaurois , &c.

Dans nôtre Village.

dit, Et moy mon habit.
Je ne sçaurois, &c.

Second Couplet.

Gentille Lisette,
Ajoûta Colin ;
Pour ce jus divin,
Je vendrois mon lit, ma houlette,
Lisette luy dit,
Oh non pour le lit.

Je ne sçaurois, &c.

Fin de la Troisiéme Ronde.

QUATRIE'ME RONDE.

Aprés que Gregoire a dit, Buvez, Enfans, buvez:
Refrain à Trois. Tous.

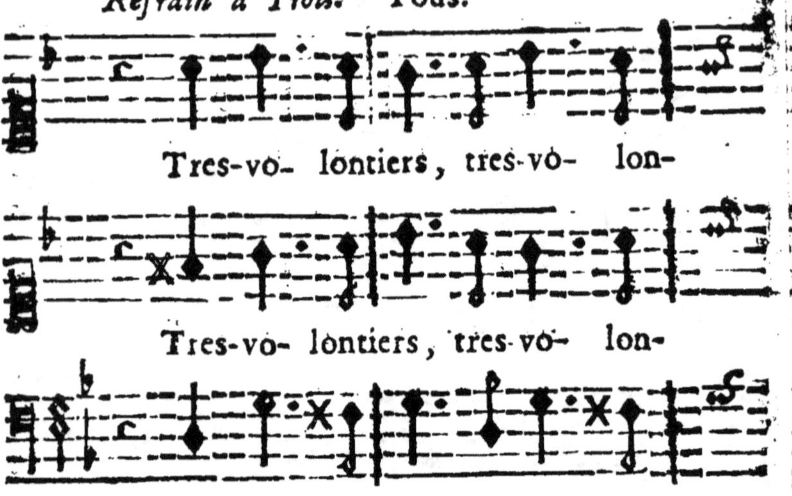

te du vin, Vien-nous verfer à boi-
çon du vin, Vien-nous verfer à boi-
vin, du vin, Vien-nous verfer à boi-

re.
re.
re.

Quand je m'éveille,　je veux boire,
Je sens en feu mon aval-　　loire,

Ah ! je crois que je dors salé,
Et　la soif m'a presque étranglé :

Presque étranglé, presque étranglé, Quâd je m'é-

veille　je veux boire, Ah ! je crois

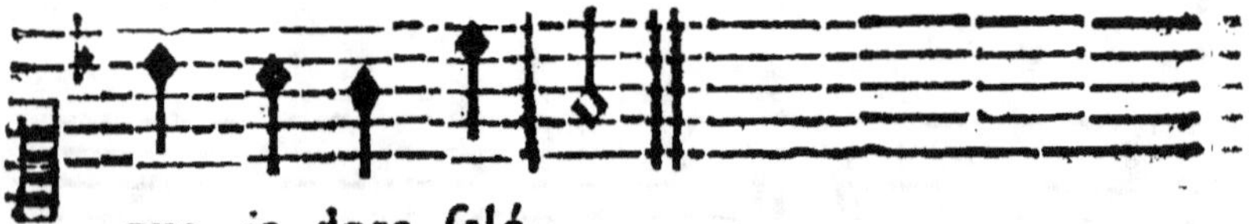

que je dors salé.

Gregoire. Buvez , Enfans, buvez,

Tres-volontiers , &c.

Vigne est gelée.

Gregoire. Buvons, Enfans, buvons.

Tres-volontiers, &c.

Second Couplet.

J'avois voulu ne boire de ma vie ;
Mais le moyen de quitter cette envie ?

Tres-volontiers, &c.

Troisiéme Couplet.

Quand je devrois traverser l'Onde noire ;
Je ne sçaurois être un moment sans boire.

Tres-volontiers, &c.

Quatriéme Couplet.

Une beauté ne me fait guere envie ,
J'ayme le vin cent fois plus que *Silvie.*

Tres-volontiers, &c.

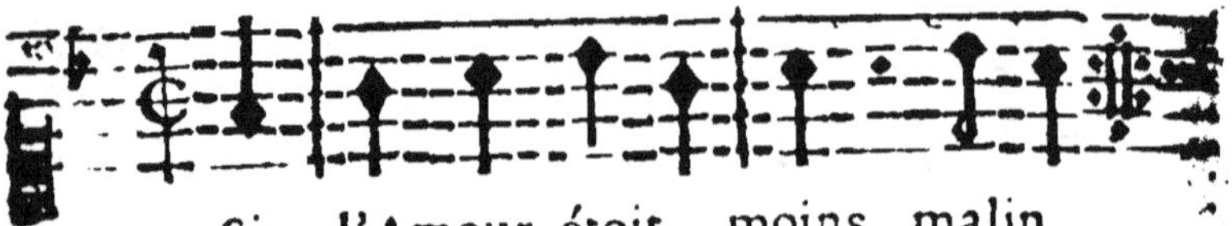

Si l'Amour étoit moins malin,
Nous ne boirions pas tant de vin ;

Mais quand je vois Aminte, Dont

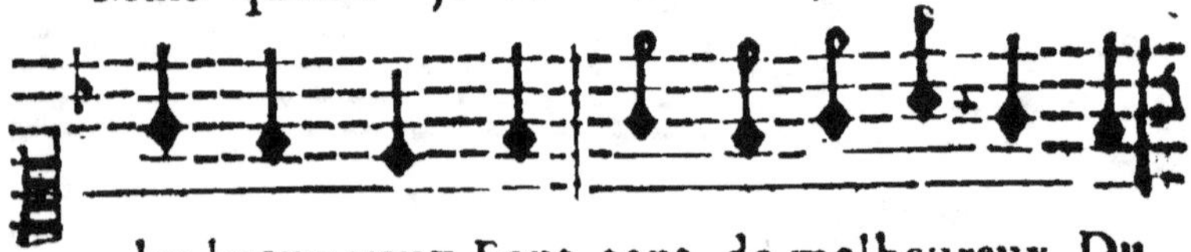

les beaux yeux Font tant de malheureux, Du

côté de ma Pinte Je tourne

tous mes vœux.

Gregoire. Buvons, Enfans, buvons.
Tres-volontiers, &c.

Iris

Gregoire. Buvons , Enfans, buvons.
Tres-volontiers , &c.

TOME III.   Q

Gregoire. Buvons, Enfans, buvons.

Tres-volontiers, &c.

Second Couplet.

Ah! d'où viens-tu, méchant yvrogne?
Tu nous feras mourir de faim ;
Tu quittes toûjours ta besogne,
Pour boire, du soir au matin :
Et puis tu dis, laisse-moy dire
Lalarerira, &c.

Tres-volontiers, &c.

Troisiéme Couplet.

Ma femme tu n'és qu'une bête
De raisonner de la façon,
Lorsque j'ay du vin dans la tête
Tu me vois gay comme un pinçon ;
Tay-toy donc, & me laisse dire,
Talarerira, &c.

Tres-volontiers, &c.

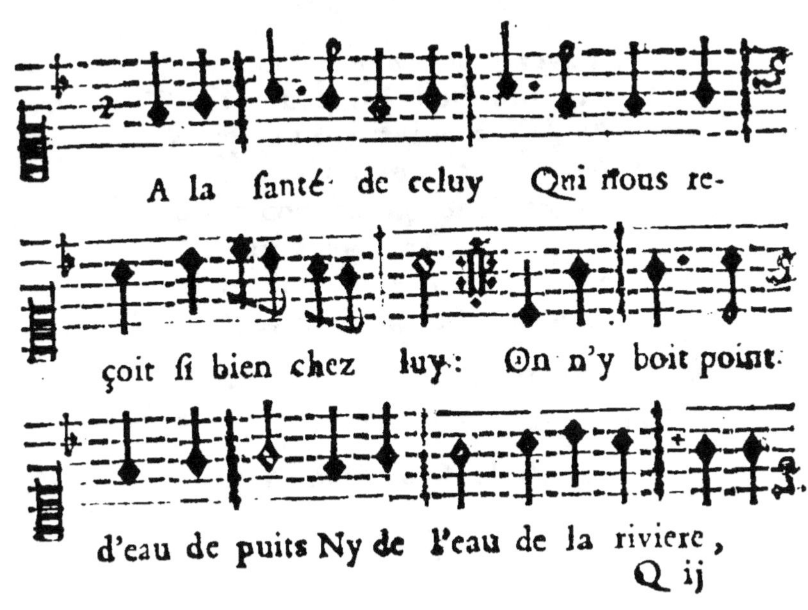

Gregoire. Buvons, Enfans, buvons.

Tres-volontiers, &c.

Second Couplet.

Buvez, buvez mes Amis,
Icy tout vous est permis :
Ne buvez point d'eau de puits
Ny de l'eau de la riviere,
Faites donc que de mon muid
Il ne m'en reste plus guere,
Faites tous que de mon muid
Il n'en reste que l'étuy.

Gregoire. Buvons, Enfans, buvons.

Tres-volontiers, &c.

Fin de la Quatriéme Ronde.

CINQUIE'ME RONDE.

Refrain à Trois.

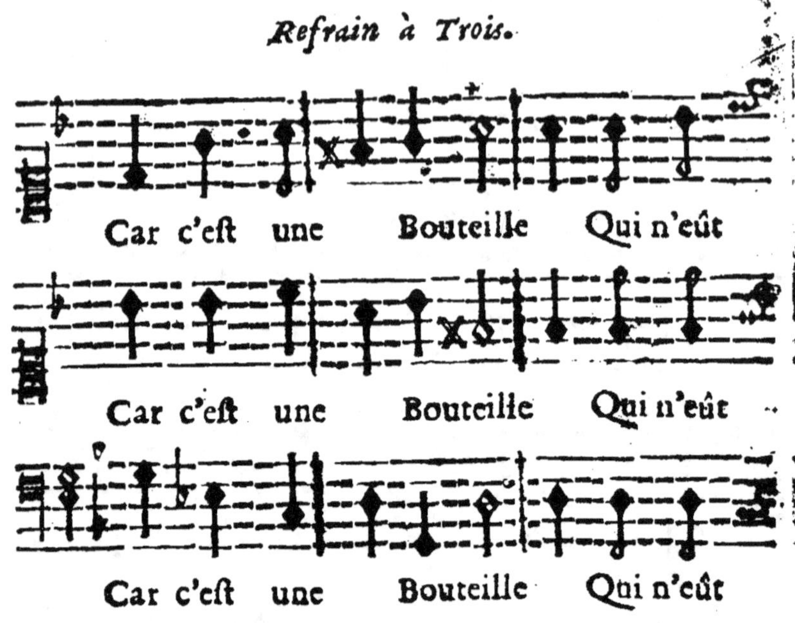

Second Couplet.

Trop heureux d'avoir fait choix
D'une docile maîtreſſe,
Je vis content ſous ſes loix
Elle n'eſt jamais tygreſſe :
Vous pouvez luy faire les yeux doux ;
Et je n'en ſeray jamais jaloux ;
    Car c'eſt une Bouteille,
    Qui n'eût jamais ſa pareille.
Car c'eſt, &c.

Troiſiéme Couplet.

Son tein fait honte aux rubis,
Sa bouche eſt toûjours vermeille ;
Elle enflamme les eſprits,
Elle égaye, elle réveille,
Elle eſt preſte à remplir tous leurs vœux ;
Et ne fait jamais de malheureux ;
    Car c'eſt une Bouteille,
    Qui n'eût jamais ſa pareille.

Car c'eſt, &c.

Quatriéme Couplet.

Pour la voir en liberté
Il faut la voir à la table,
Avec quelque bon pâté
Et compagnie agreable :
Elle en bannit grimace & façon,
On luy doit ce qu'on y dit de bon ;
Car c'est une Bouteille,
Qui n'eût jamais sa pareille.

Car c'est, &c.

ton, Tontaine la tonton.

Car c'est, &c.

Second Couplet.

Quand je parviens jusqu'à luy faire prendre
Du même jus, charmant contrepoison ;
Elle en devient & plus gaye, & plus tendre ;
Et nous chantons tous deux, sur même ton :

Tonrelontonton, &c.

Car c'est, &c.

TOME III,   R

Car c'eſt, &c.

Second Couplet.

La bouteille
Me reveille,
Et vient m'offrir ſes appas :
N'en déplaiſe à ma maîtreſſe,
Il faut que je la carreſſe,
Juſqu'à la fin du repas.

Car c'eſt, &c.

Troisiéme Couplet.

Une belle
Trop cruelle,
N'a pour moy que des rigueurs :
La bouteille est bien plus douce,
Car pour peu que l'on la pousse,
On en a mille douceurs.

Car c'est , &c.

Quatriéme Couplet.

Qui s'engage
N'est pas sage,
Qui sçait boire est bien plus fin :
Un Amant toûjours soûpire,
Un Buveur ne fait que rire,
Et fait la nargue au chagrin.

Car c'est , &c.

Cinquiéme Couplet.

Faisons gloire
De bien boire,
Et n'aymons point, s'il se peut :
Quand on ayme on ne fait guere
Tout ce que l'on voudroit faire ;
Mais l'on boit, comme l'on veut.

Car c'est , &c.

C'eſt le Prince d'Orange.

Car c'eſt, &c.

Second Couplet.

Le compere Gregoire,
Au ſortir de ſon lit,
Pour chaſſer l'humeur noire
S'arme d'un verre, & commençant à boire,
Ne finit que la nuit.

Car c'eſt, &c.

Je ne sçaurois ê- tre un moment, Sans aymer & sans boire : Tantôt chez un objet charmant Et tantôt chez Gregoire, Sans ma bouteille & mes amours, Je fini-
rois bien- tôt mes jours.

Car c'est, &c,

Cette nuit, que nous bûmes tant,
Il me parût qu'en un instant

Que je fis un songe a-greable!
Le monde étoit deve-nu table:

Les Montagnes des brocs de vin,

Les Villes Jambons de Mayen-

ce;

Les Forests saucisses, boudins;

Car c'eſt, &c.

Second Couplet.

Lorſque la cruelle Atropos
Aura tranché mon avalloire,
Pour faire repoſer mes os
Qu'on diſe une Chanſon à boire :
Nargue de toy, ô Mahomet !
Qui deffendis le vin aux hommes ;
Nous nous mocquons de ton decret
Et boirons, tous tant que nous ſommes;

Car c'eſt, &c.

K iiij

Car c'est, &c.

Second Couplet.

L'un court au bien, & l'autre à la tendresse ;
Pour les grandeurs le Courtisan s'empresse :
Je me ris d'eux : Bachus est ma foiblesse.

Car c'est, &c.

Fin de la Cinquiéme Ronde.

SIXIE'ME RONDE.

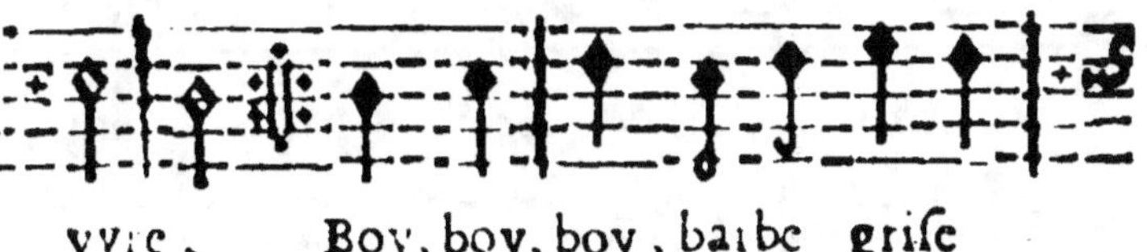

Refrain à Trois.

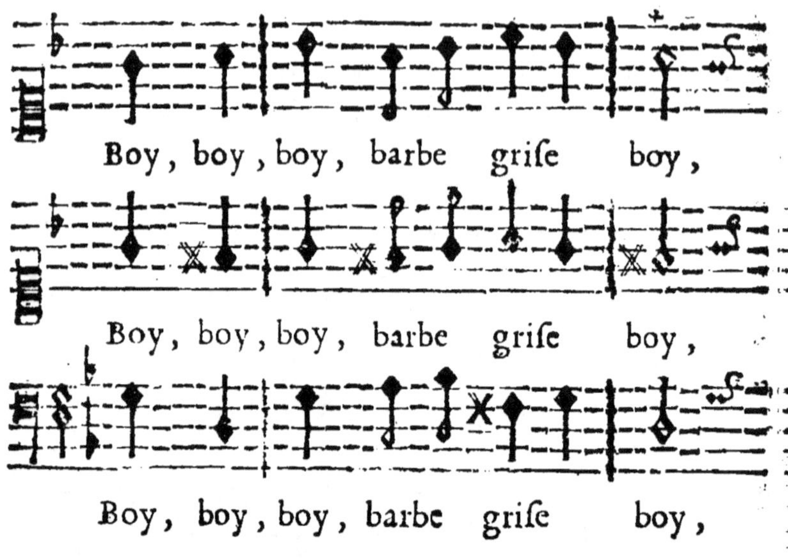

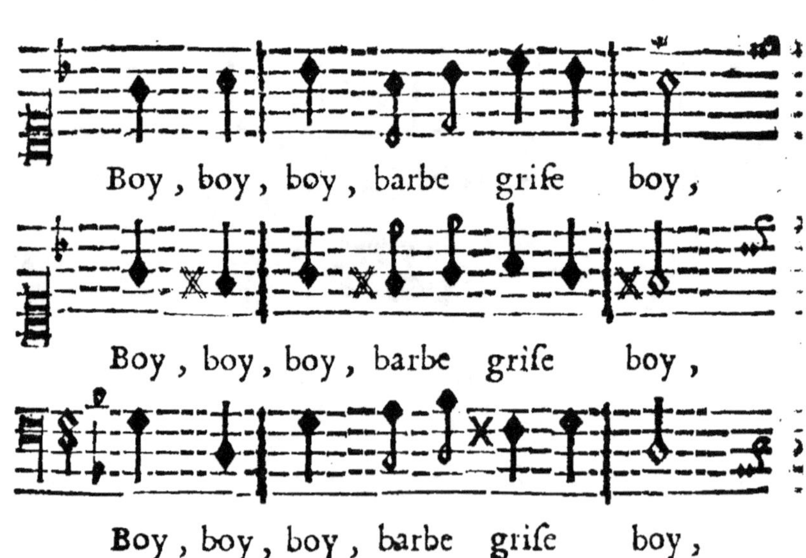

Boy, boy, boy, barbe gri- se.
Boy, boy, boy, barbe gri- se.
Boy, boy, boy, barbe gri- se.

Quand pourray-je au bord d'un ruif-

feau, Quand pourray-je au bord d'un ruif-

feau, A l'ombre de quelque arbrif-

feau, Vuider u- ne bou- teille,

Qui de dépit fait gronder l'eau, De

n'être pas vermeil- le?

Boy, boy, &c.

Second Couplet.

Son murmure me semble doux, *bis.*
Quand je l'entens sur les cailloux
Gazoüiller cette plainte,
Si j'étois rouge comme vous,
Je remplirois la Pinte.

Boy, boy, &c.

Troisiéme Couplet.

Console-toy, luy dis-je alors; *bis.*
On celebre au moins, sur tes bords,
Les bacchiques mysteres :
Tu n'entres point dedans nos corps,
Mais tu rinces nos verres.

Boy, boy, &c.

Mes chers Amis, si vous voulez m'en
Le vin est bon, ne songeons qu'à bien

croire, Faisons tréve à l'Amour,
boire, Tout le reste du jour :

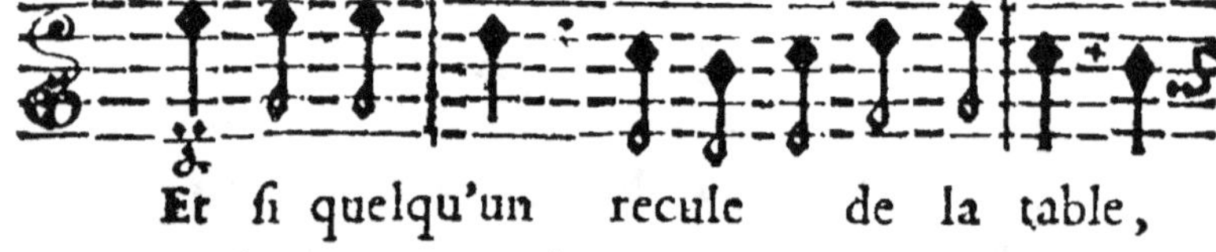

Et si quelqu'un recule de la table,

Envoyons-le au Diable luy, Envoyons-le au

Diable.

Boy, boy, &c.

Second Couplet.

J'ay resolu de ne boire à Climene
    Que deux coups à la fois ;
J'aurois trop peur de me mettre hors d'haleine
    Si j'allois jusqu'à trois ;
Et je diray, si la Belle en murmure,
    Je fais vie qui dure moy,
    Je fais vie qui dure.

    Boy, boy, &c.

Nous sommes icy tous, tous,
tous d'une bande, Le verre à la main,
tou, tou, tou, toûjours plein : A rire, à
dire, vive, vive, vive, A rire, à
vîte.
dire, vive le bon vin. J'ayme bien
mieux mener ma femme chez le Voisin,

Par

Par la main, Que le Voisin vienne
voir ma femme, Boire mon vin, Manger mon pain.

Boy, boy, &c.

Un Mitron de Goneſſe.

Boy, boy, &c.

Second Couplet.

Quand on n'a de tendreſſe
Que pour ce jus charmant :
On chante, on rit ſans ceſſe
Et jamais rien ne bleſſe ;
    Mais en aymant
    Une maîtreſſe,
    Mais en aymant
    Tout eſt tourment.

Boy , boy , &c.

Troiſiéme Couplet.

Point de ſoin, point d'affaire,
Une bonne ſanté :
Liberté toute entiere
Cet état m'eût pû plaire,
    Si pauvreté
    Qu'on n'ayme guere ,
    Si pauvreté
    N'eût tout gâté.

Boy , boy , &c.

Quatriéme Couplet.

N'être point ſans affaire
Chercher toûjours un mieux :
Ne ſe point ſatisfaire
Cet état peut-il plaire ?
    Eſtre un peu gueux
    N'eſt pas miſere,
    Eſtre un peu gueux
    C'eſt être heureux.

Boy , boy , &c.

La Bergere Aminte & le Berger Tircis.

Avec fa Voifine, Le Compe-
Vuidant leur chopine Sans foucy,

re Colin, A l'ombre d'une
fans chagrin :

treille Chantoient tout le jour, Tour à

tour, Ah! la bouteille Vaut cent fois

mieux, que le plaifir d'Amour.

Boy, boy, &c.

Boy , boy , &c.

Second Couplet.

Si tu me veux croire
Tu peux dans ce jour ;
A force de boire
Surmonter l'Amour :
Ce Dieu redoutable
Qui veut tout dompter,
N'eft pas indomptable
Quand on fçait pinter.

Boy , boy , &c.

Troisiéme Couplet.

Dés que ma Climeine
Me fait du chagrin,
Je finis ma peine,
En prenant du vin :
Ainsi quand ta Belle
Te manque de foy,
Pour te vanger d'elle,
Bois comme je boy.

Boy, boy, &c.

Quatriéme Couplet.

Qui pour l'Hymenée
Prend une Catin,
A la destinée
D'un Marchand de vin :
Vainement il tente
D'enfermer son muid,
Vin nouveau s'évente
Et vin vieux s'aigrit.

Boy, boy, &c.

Fin de la Sixiéme Ronde.

SEPTIE'ME RONDE.

Refrain à Trois.

Second

Second Couplet.

Que ferois-tu fur le Cocyte?
Il n'y a point de Cabaret,
Ny de Biberon qui t'éxcite
A boire de ce vin clairet:
    Eſt-il mort?
    Non, c'eſt qu'il dort,
Pour le réveiller, trinquons le verre,
Mort, Mort, Mort, t'en iras-tu ſans boire?

Mort, &c.

Troiſiéme Couplet.

Vous qui ſçavez la medecine,
De grace tâtez-luy le poul:
Et vous connoîtrez à ſa mine
Ou s'il eſt mort, ou s'il eſt fou;
    Eſt-il, &c.

Mort, &c.

Quatriéme Couplet.

Croy-moy, revien d'un ſi long ſomme;
Un dormeur n'entend, ny ne voit;
Il ronfle, il eſt plus bête qu'homme,
On n'eſt homme que quand on boit:
    Eſt-il, &c.

Mort, &c.

Mort, &c.

Second Couplet.

Vous faites la mine,
Je ne sçay pas pourquoy;
Pourquoy, pourquoy, avoir l'humeur si chagrine?
Pourquoy, pourquoy, ne pas boire comme moy?

Mort, &c.

Le beau Berger Tircis.

ferois mort ?

Mort, &c.

Second Couplet.

J'allois mourir des coups
De la cruelle Aminte:
Mais ce jus charmant & doux
En a détourné l'atteinte.
Ah ! mon aymable Pinte,
Je ferois mort fans vous?
Mort, &c.

T ij

Mort , &c.

Second Couplet.
Les Enfans de nos Enfans
N'auront pas grand-peine à croire
Qu'il en coûte pour bien boire.
Ils font dans les vignes , &c.

Mort, &c.

Second Couplet.
Il traitte de francs animaux
Les Juristes vieux & nouveaux ;
Il se rit de Seneque :
Dans son cellier douze tonneaux,
Font sa Bibliotheque.

Mort, &c.

T iij

Tout le monde le sçait bien.
Mort, &c.

Second Couplet.

Je pretends vivre en Yvrogne,
Dussay-je mourir en gueux ?
Et si j'ay meilleure trogne,
J'ay moins de pistoles qu'eux.

Mort, &c.

Epitaphe d'un Liévre.

Mort, &c.

Second Couplet.

Deux grands chiens mal gracieux
Dans ces lieux,
L'ont occis devant mes yeux ;
Mais trop heureux je l'estime,
D'être mort, *bis.* vôtre victime.

Mort, &c.

T iij

Troisiéme Couplet.

Sa derniere volonté
    A esté
De devenir un pâté ;
Esperant par avanture
Vous avoir, *bis.* pour sepulture.

Mort, &c.

Quatriéme Couplet.

Cher objet de mon amour
    Qui la cour
Eclairez d'un si beau jour ;
Ne m'éprisez pas l'usage
De ce bijou, *bis.* de village.

Mort, &c.

Cinquiéme Couplet.

Des Buveurs & des Amans
    Les momens,
Entre-eux sont bien differents
L'un gemit auprés d'Aminte,
L'autre rit avec la Pinte.

Mort, &c.

Fin de la Septiéme Ronde.

HUITIE'ME RONDE.

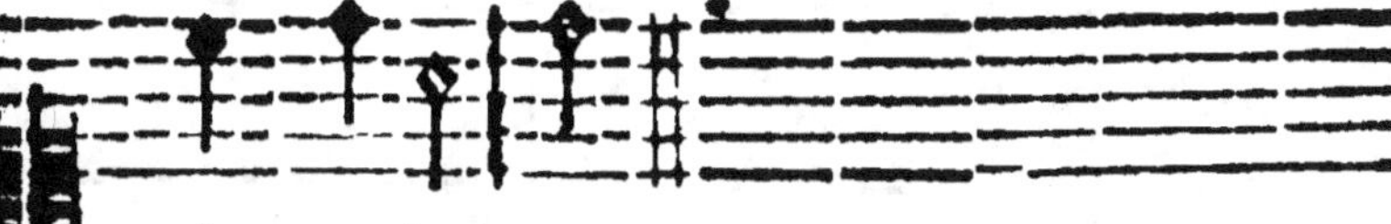

Refrain à Trois.

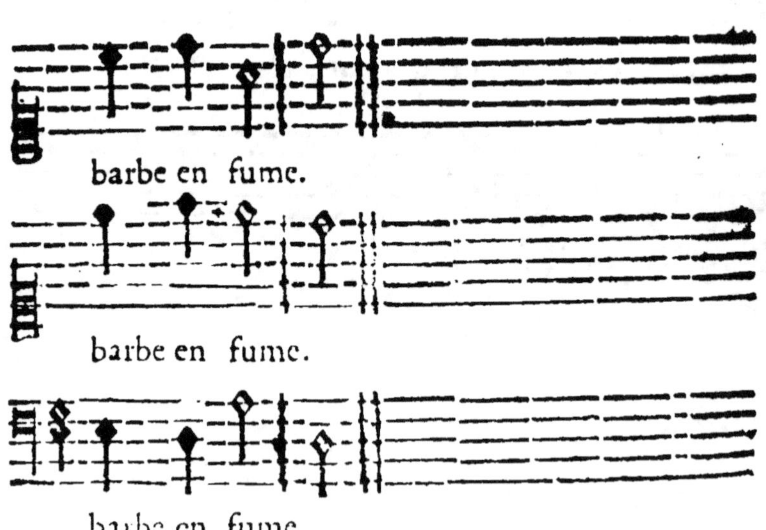

Sommes nous pas trop heureux.

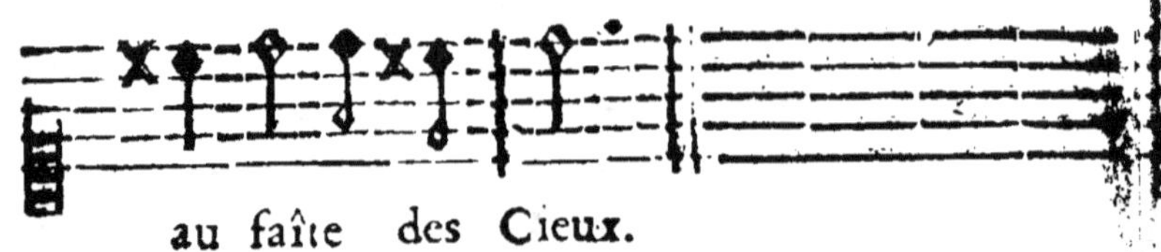

au faîte des Cieux.

Buvons, Amis, &c.

Second Couplet.

Est-il un plus doux destin ?
Mes Amis, que vous en semble ?
Nous sommes à table ensemble,
Et nous avons de bon vin :
Ah ! ne parlons pas encore
De quitter ce beau séjour ,
Mais attendons que l'Aurore,
Nous ait ramené le jour,

Buvons , Amis, &c.

Buvons, Amis, &c.

Buvons, Amis, &c.

Second Couplet.

Jus, qui de ma bouteille
Sors, à petits gloux gloux,
Que ton murmure eſt doux,
Et qu'il charme l'oreille ?
Heureux qui peut la nuit,
S'endormir à ce bruit !

Buvons, Amis , &c.

connois bien.

Buvons, Amis, &c.

Second Couplet.

Non, non, je ne me connois guere
Au Cidre non plus qu'à la Biére:
Mais quand il faut goûter au vin,
Oh! vrayment je m'y connois bien.

Buvons, Amis, &c.

Buvons, Amis, &c.

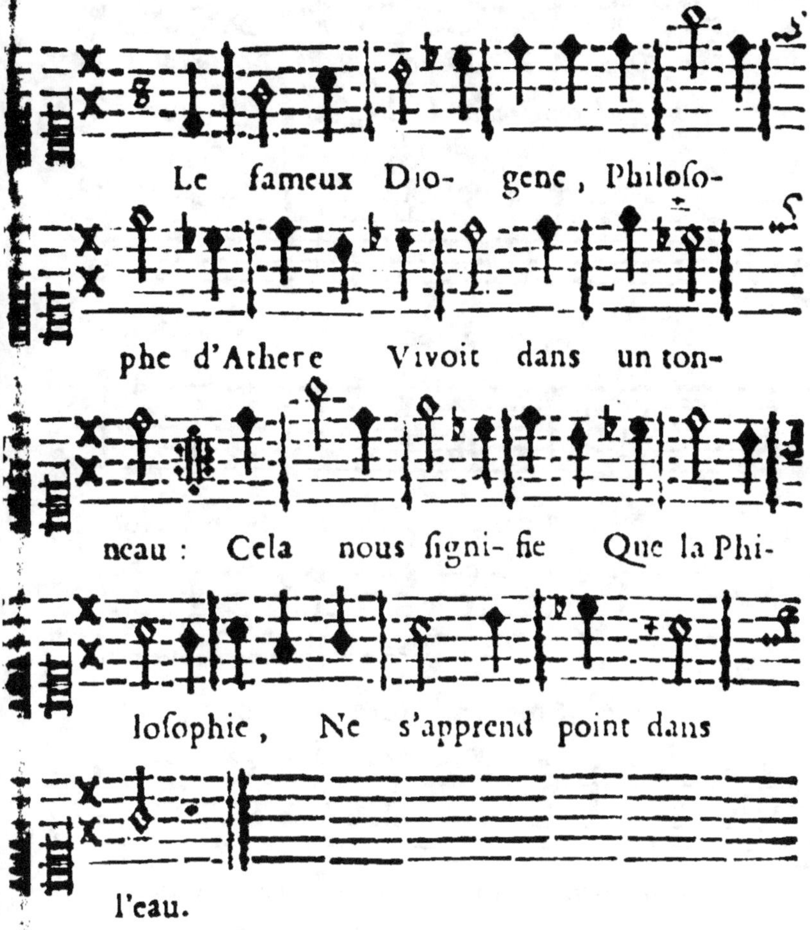

Le fameux Dio-   gene , Philoso-

phe d'Athere   Vivoit dans un ton-

neau : Cela   nous figni- fie   Que la Phi-

lofophie ,   Ne s'apprend point dans

l'eau.

Buvons , Amis , &c,

Fin de la Huitiéme Ronde.

NEUVIE'ME RONDE.

*Un seul commence le Reffrain, & tous
luy répondent.*

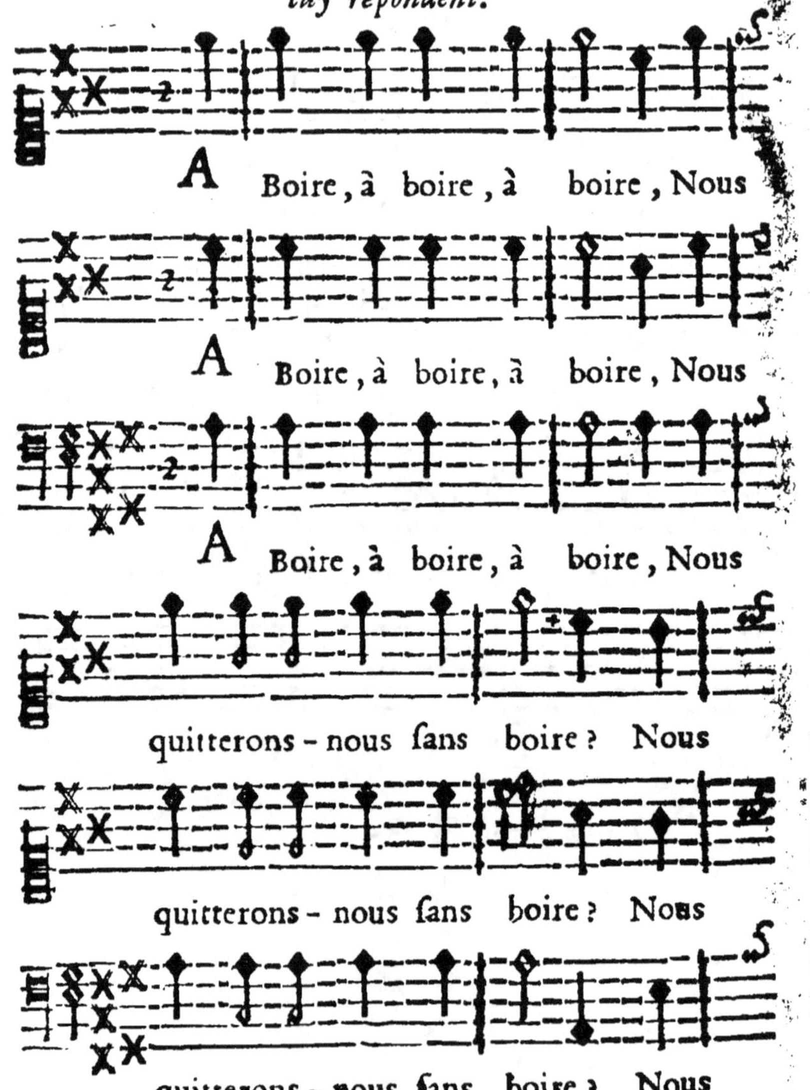

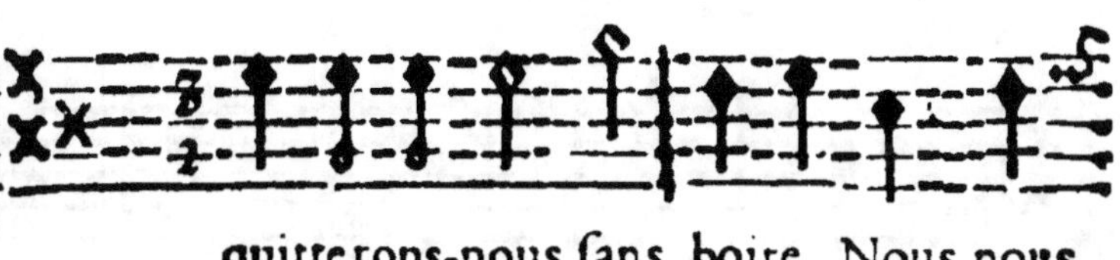

quitterons-nous sans boire, Nous, nous

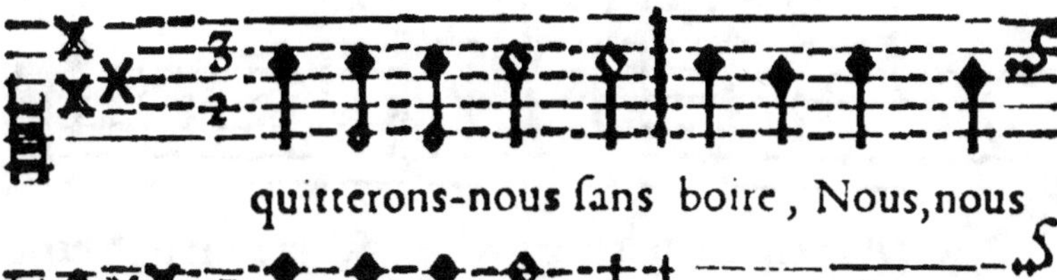

quitterons-nous sans boire, Nous, nous

quitterons-nous sans boire, Nous, nous

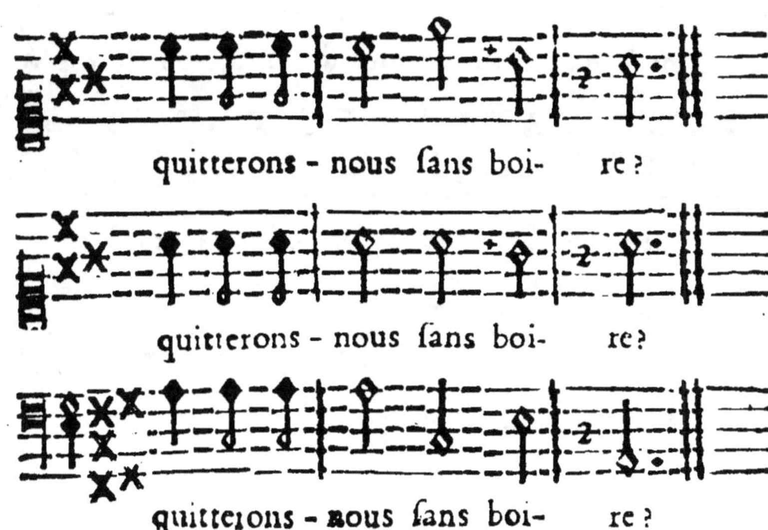

quitterons - nous sans boi- re?
quitterons - nous sans boi- re?
quitterons - nous sans boi- re?

Seul.

Amy , tien bien ton rang , La
table est un bon gîte :   Si la nuit no' surprend , Qu'il vente, qu'il grêle, qu'il tonne , Tenons-nous, comme nous sommes, Nous sommes
bien, tenons-nous   y , Peut - être ailleurs serions-nous pis.

Tous.

A boire, à boire, à boire, Nous
A boire, à boire, à boire, Nous
A boire, à boire, à boire, Nous

quitterons - nous sans boire? Nous
quitterons - nous sans boire? Nous
quitterons - nous sans boire? Nous

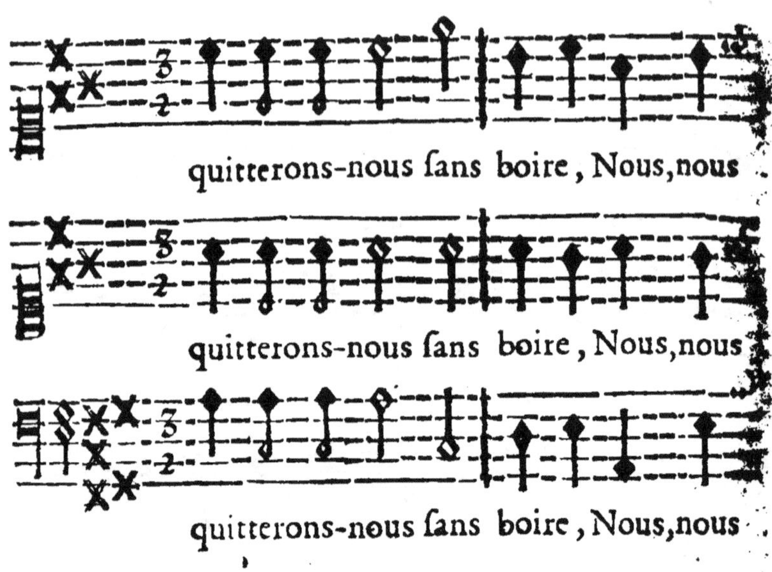
quitterons-nous sans boire, Nous, nous
quitterons-nous sans boire, Nous, nous
quitterons-nous sans boire, Nous, nous

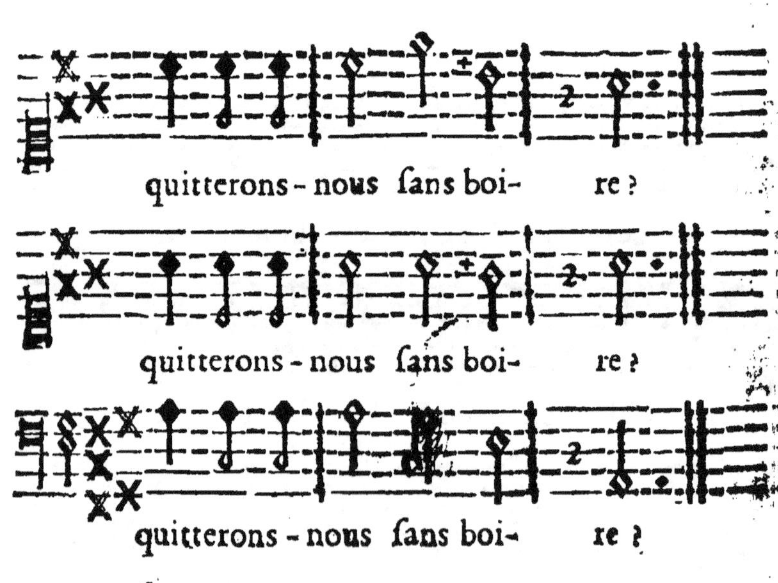
quitterons-nous sans boi-   re ?
quitterons-nous sans boi-   re ?
quitterons-nous sans boi-   re ?

Faisons - la durer toûjours.

A boire, &c.

Second Couplet.

Quoy déja parler de quitter la table ?
Tout flatte en ces lieux, le goût & les yeux :
Bon vin, & Bergere aymable ;
Où pourrions-nous être mieux ?

A boire, &c.

Troisiéme Couplet.

Quand il faut quitter ce que l'on ayme
On ne peut jamais y consentir :
On ne part pas le jour même,
Que l'on auroit crû partir.

A boire, &c.

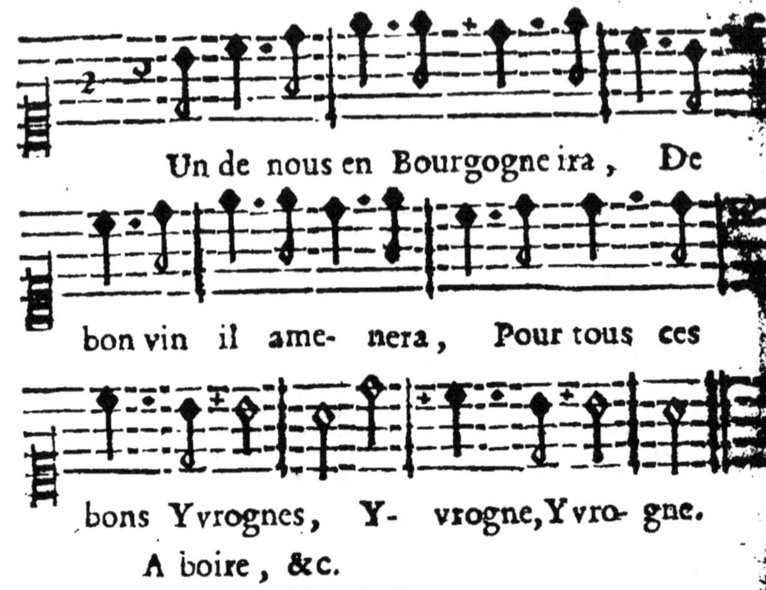

A boire , &c.

Second Couplet.

Tout homme qui boira du vin,
Fera toûjours nargue au chagrin,
Et rougira sa trogne,
Sa trogne, sa trogne.

A boire , &c.

Troisiéme Couplet.

Je ne bois jamais à demy
Qu'un chacun prenne son party,
Pour moy voila mon homme,
Mon homme, mon homme.

A boire , &c.

Bachus I

Bachus affis fur un poinçon, Bachus af-
Faifoit recorder la leçon, Faifoit re-

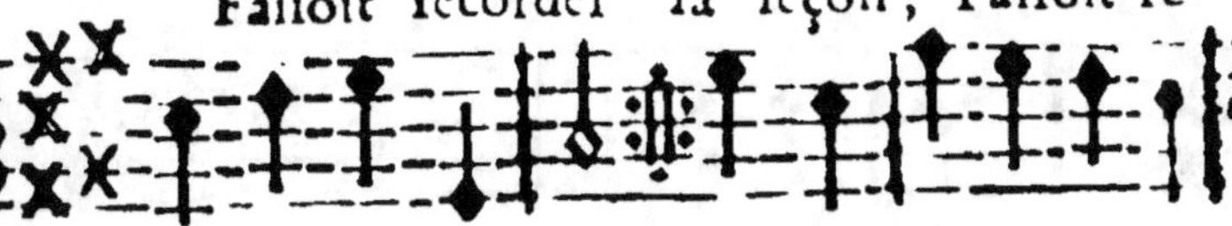

fis fur un poinçon : Aux Enfans de la bou-
corder la leçon :

teille , Qui tenoient pour livre un fort gros fla-

con , Et chantoient tous à merveille ,

En difant bon, bon, que le vin eft bon.

A boire , &c.

Second Couplet.

Les Amours , enfans de Venus *bis.*
Croyoient ê're les bien-venus , *bis.*
Mais Bachus tout en colere
Voyant badiner ces petits fripons .
Les renvoya chez leur mere
En frappant deffus à coups de flacons.

A boire , &c.

Tome III.   X

cu , sul cu , sul   cu du varre.
A boire , &c.

Second Couplet.

Quand vous passerez par cheu nous
Venez nous vare, *bis.*
Je vous donnerons du vin
A mi, à mi, à mi, à mi le varre.

A boire , &c.

Troisiéme Couplet.

Quand vous passerez par cheu nous ;
Venez nous vare, *bis.*
Je vous donnerons du vin
To plein, to plein , to plein, to plein le varre

A boire , &c.

A boire, &c.

Second Couplet.

Sa femme en vain jure, & l'apelle yvrogne,
Il file doux, mais tandis qu'elle grogne,
Il laisse aller l'eau dessous son moulin,
    Et boit le vin.

A boire, &c.

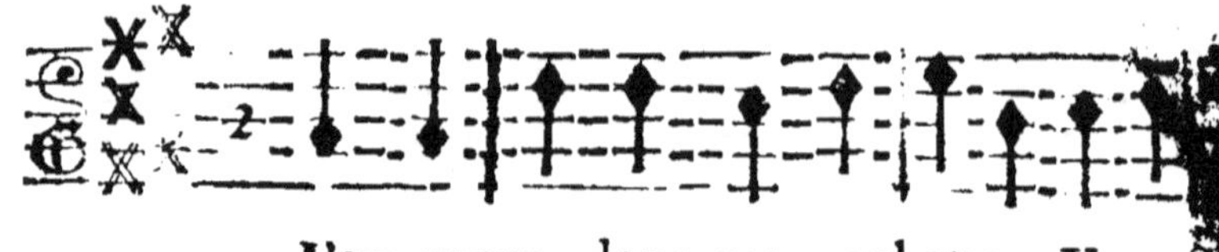

A boire , &c.

Second Couplet.

N'allez donc plus à la cave
Maître Jean , si souvent :
Apportez-nous la Barique
C'a vîte que je la pique ,
    Et où morbleu , là ,
Sur le bout du banc.

A boire , &c.

Fin de la Neuviéme Ronde & de la
Troisiéme Partie.

TABLE.

F I N.

EXTRAIT DU PRIVILEGE.

PAR Lettres Patentes du Roy donées à Arras l'onziéme jour du mois de May, l'An de Grace mil six cent soixante & treize, Signées LOUIS : Et plus bas, Par le Roy, COLBERT ; Scellées du grand Sceau de cire jaune : Verifiées & Regiſtrées en Parlement le 15. Avril 1678. Confirmées par Arreſts contradictoires du Conſeil Privé du Roy des 30. Septembre 1694. & 8. Aouſt 1696 Il eſt permis à Chriſtophe Ballard, seul Imprimeur du Roy pour la Muſique, d'Imprimer, faire Imprimer, Vendre, & Diſtribuer toute sorte de Muſique, tant Vocale qu'Inſtrumentale, de tous Auteurs : Faiſant défences à toutes autres perſonnes de quelque condition & qualité qu'elles soient, d'entreprendre ou faire entreprendre ladite Impreſſion de Muſique, ny autre choſe concernant icelle, en aucun lieu de ce Royaume, Terres & Seigneuries de son obéiſſance, nonobſtant toutes Lettres à ce contraires ; ny même de Tailler ny Fondre aucuns Caractères de Muſique sans le congé & permiſſion dudit Ballard, à peine de confication desdits Caractères & Impreſſions, & de six mille livres d'amende, ainſi qu'il eſt plus amplement declaré esdites Lettres : Sa dite Majeſté voulant qu'à l'Extrait d'icelles mis au commencement ou fin desdits Livres imprimez, foy soit ajoûtée comme à l'Original.